分県登山ガイド 33

広島県の山

廣田忠彦・井ノ口孝臣 著

山と溪谷社

分県登山ガイド——33
広島県の山

目次

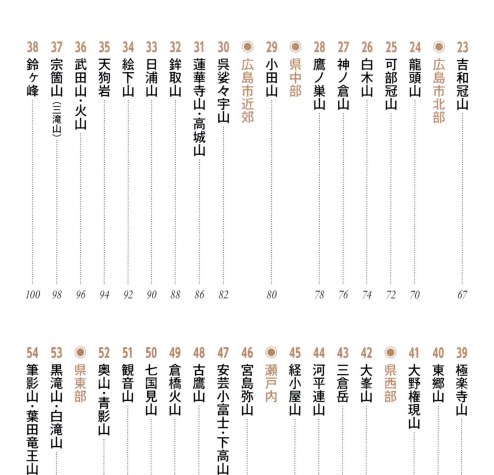

●本文地図主要凡例●

紹介するメインコース。

本文か脚注で紹介しているサブコース。一部、地図内でのみ紹介するコースもあります。

Start Goal Start Goal 225m
出発点／終着点／出発点・終着点の標高数値。

管理人在中の山小屋もしくは宿泊施設。

紹介するコースのコースタイムのポイントとなる山頂。

コースタイムのポイント。

管理人不在の山小屋もしくは避難小屋。

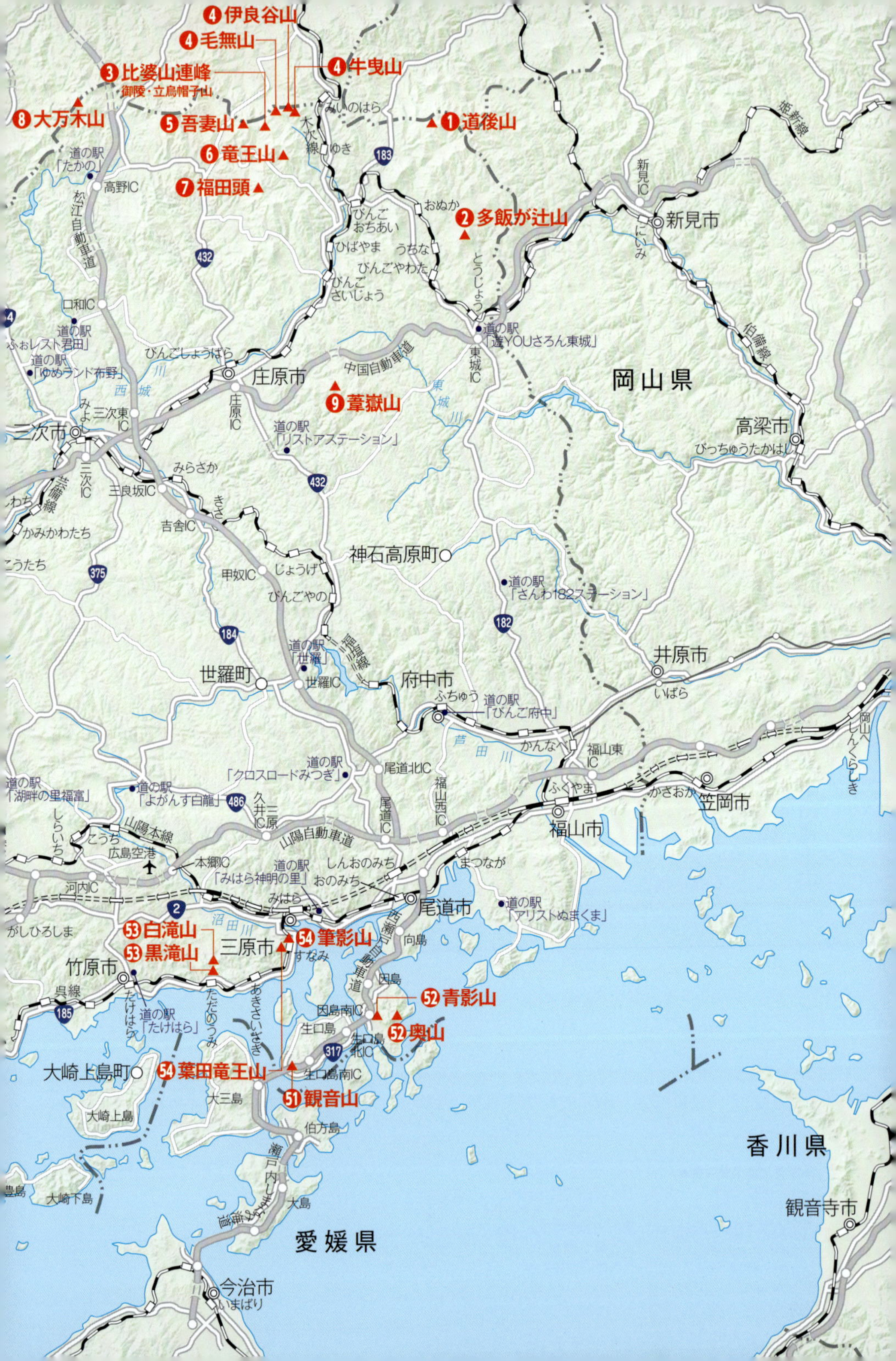

4 伊良谷山
4 毛無山
3 比婆山連峰
御陵・立烏帽子山
4 牛曳山
8 大万木山
5 吾妻山
1 道後山
みいのはら
木次線
ゆき
6 竜王山
道の駅「たかの」
高野IC
7 福田頭
おぬか
2 多飯が辻山
姫新線
新見IC
新見市
にいみ
松江自動車道
びんご おちあい
ひばやま
うちな
びんごやわた
とうじょう
びんご さいじょう
口和IC
道の駅「ふぉレスト君田」
道の駅「ゆめランド布野」
びんごしょうばら
道の駅「遊YOUさろん東城」
東城IC
伯備線
中国自動車道
庄原市
岡山県
西城川
庄原IC
9 葦嶽山
東城川
みよし
三次東IC
三次市
道の駅「リストアステーション」
高梁市
びっちゅうたかはし
三次IC
芸備線
みらさか
三良坂IC
吉舎IC
かみかわたち
こうたち
神石高原町
甲奴IC
じょうげ
びんごやの
道の駅「さんわ182ステーション」
道の駅「世羅」
福塩線
世羅町
世羅IC
府中市
井原市
いばら
ふちゅう
道の駅「びんご府中」
芦田川
かんなべ
福山東IC
岡山へ しんくらしき
道の駅「クロスロードみつぎ」
尾道北IC
福山西IC
ふくやま
かさおか
笠岡市
道の駅「湖畔の里福富」
道の駅「よがんす白龍」
久井IC
三原
尾道IC
福山市
しらいち
こうち
山陽本線
広島空港
山陽自動車道
本郷IC
道の駅「みはら神明の里」
しんおのみち
おのみち
まつなが
河内IC
みはら
尾道市
道の駅「アリストぬまくま」
がしひろしま
53 白滝山
53 黒滝山
沼田川
三原市
54 筆影山
すなみ
西瀬戸自動車道
向島
竹原市
呉線
ただのうみ
あきさいざき
因島
52 青影山
たけはら
道の駅「たけはら」
因島南IC
生口島
52 奥山
生口島北IC
大崎上島町
54 葉田竜王山
生口島南IC
51 観音山
大三島
大崎上島
伯方島
瀬戸内しまなみ海道
大島
豊島
大崎下島
香川県
観音寺市
愛媛県
今治市
いまばり

広島県の山 全図

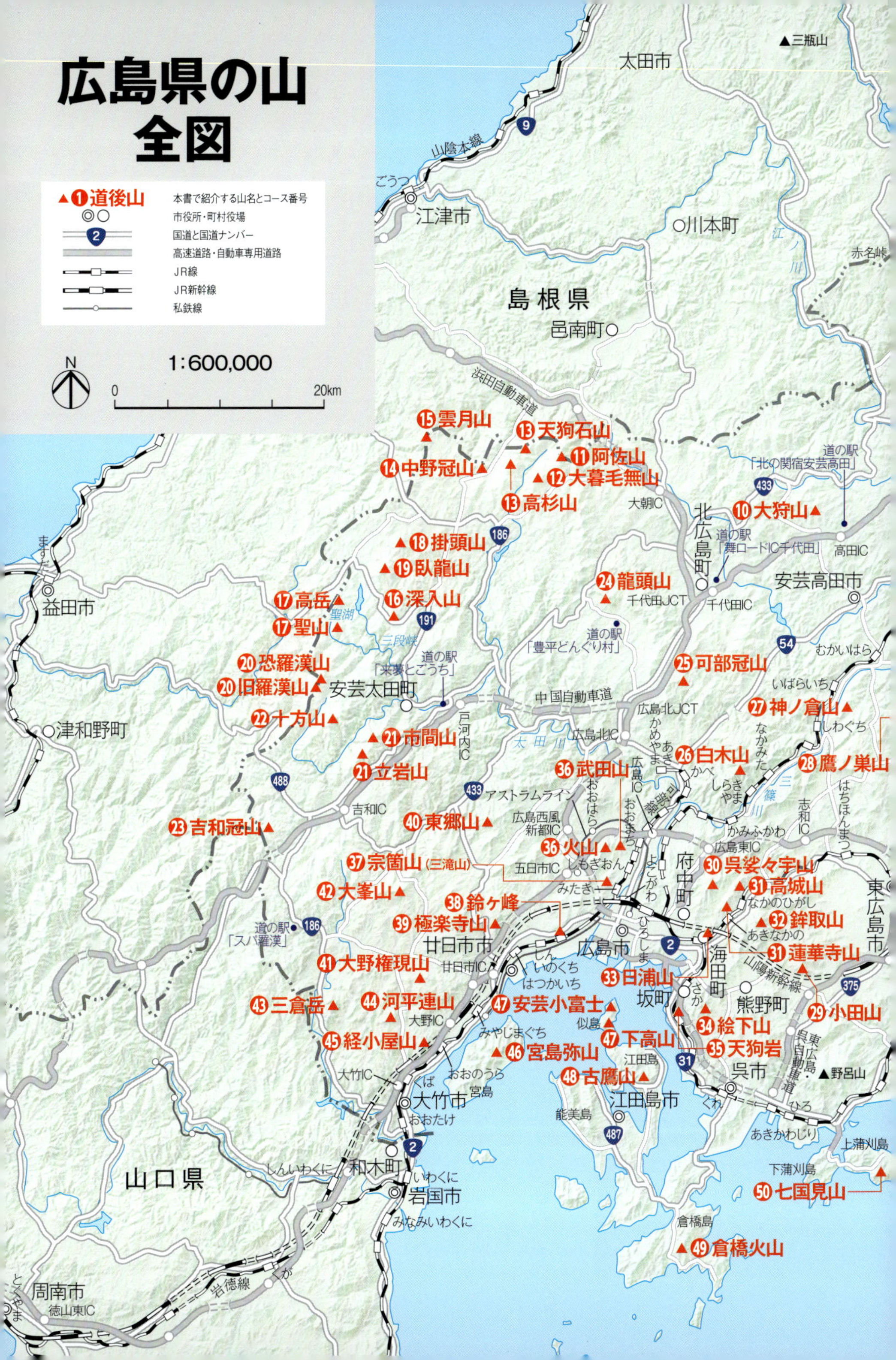

▲①道後山 本書で紹介する山名とコース番号
◎○ 市役所・町村役場
国道と国道ナンバー
高速道路・自動車専用道路
JR線
JR新幹線
私鉄線
N
1:600,000
0
20km
三瓶山
太田市
山陰本線
ごうつ
江津市
川本町
江の川
赤名峠
島根県
邑南町
浜田自動車道
⑮雲月山
⑬天狗石山
⑪阿佐山
⑭中野冠山
⑫大暮毛無山
⑬高杉山
大朝IC
道の駅「北の関宿安芸高田」
⑩大狩山
北広島町
道の駅「舞ロードIC千代田」
高田IC
⑱掛頭山
⑲臥龍山
ますだ
益田市
⑰高岳
⑯深入山
⑰聖山
聖湖
三段峡
㉔龍頭山
千代田JCT
千代田IC
安芸高田市
道の駅「豊平どんぐり村」
道の駅「来夢とごうち」
㉕可部冠山
むかいはら
⑳恐羅漢山
⑳旧羅漢山
安芸太田町
中国自動車道
いばらいち
㉗神ノ倉山
津和野町
㉒十方山
戸河内IC
広島北JCT
広島北IC
太田川
㉑市間山
㉑立岩山
㊱武田山
かめやま
あき
㉖白木山
なかみた
㉘鷹ノ巣山
しわぐち
広島IC
かべ
しらきやま
三篠川
おおはら
おおまち
はちほんまつ
志和IC
アストラムライン
吉和IC
㊵東郷山
広島西風新都IC
㉓吉和冠山
㊱火山
しもぎおん
かみふかわ
広島東IC
府中町
よこがわ
㊲宗箇山（三滝山）
五日市IC
㉚呉娑々宇山
東広島市
㊷大峯山
みたき
㉛高城山
なかのひがし
㊳鈴ヶ峰
㉜鉾取山
あきなかの
道の駅「スパ羅漢」
㊴極楽寺山
廿日市市
広島市
ひろしま
海田町
㉛蓮華寺山
山陽新幹線
㊶大野権現山
廿日市IC
しんいのくち
はつかいち
㉝日浦山
坂町
熊野町
㊸三倉岳
㊹河平連山
㊼安芸小富士
似島
さか
㉙小田山
大野IC
みやじまぐち
㊼下高山
㉞絵下山
東広島呉自動車道
㊺経小屋山
㊻宮島弥山
㉟天狗岩
江田島
㊽古鷹山
呉市
野呂山
大竹IC
くば
おおのうら
宮島
大竹市
江田島市
くれ
ひろ
おおたけ
能美島
あきかわじり
上蒲刈島
和木町
しんいわくに
いわくに
下蒲刈島
山口県
岩国市
㊿七国見山
みなみいわくに
倉橋島
㊾倉橋火山
周南市
岩徳線
とくやま
徳山東IC

概説 広島県の山

廣田忠彦

●山々の特徴

広島県の山の第一の特徴は、「比較的手軽に登れる山が多い」ということだろうか。市街地の山であれば公共交通機関の利用でも、30分あまりで目的とする山の登山口に行くことができる。しかし、県北や芸北地域は過疎化が進み、鉄道やバスを利用しての日帰り登山は難しい山が多くなっている。一方、マイカーであれば高速道路を利用して、広島ICから2時間あまり走れば、多くの山の登山口に行くことが可能で、日帰りできる。

広島県の山を大きく分けると、北側は中国山地、南側は広島市街地、さらに南側には瀬戸内の山々が続く。

北側の中国山地は、山口県、島根県、鳥取県、岡山県と県境を接している。広島県と島根県の県境には標高1346メートル、西中国山地の最高峰・恐羅漢山《おそらかんざん》をはじめとして、吉和冠山《よしわかんむりやま》、十方山《じっぽうざん》、聖山《ひじりやま》、臥龍山《がりゅうざん》が連なり、さらに県境に沿って北東側には天狗石山《てんぐいしやま》、阿佐山《あさやま》などが続く。一方、県北方面の県境には比婆山《ひばやま》、道後山《どうごやま》、大万木山《おおよろぎやま》など標高1000メートルを超える山が続く。こうした県境の山々は、ブナやミズナラなどの原生林や高山植物（山野草）の花が見られ、四季を通じて自然を楽しむことができる。夏期は標高が高いため、比較的すごしやすい。

県境と広島市街地の中間あたりには、三倉岳《みくらだけ》、大峯山《おおみねやま》、河平連山《こうひられんざん》、東郷山《とうごうざん》などがある。なかでも三倉岳は、岩峰となっており、岩登りの訓練に多くの山仲間に利用されている。大峯山、河平連山は展望もよいので、訪れる登山者が多い。

広島市街地には標高300〜500メートルの山が多く、鈴《すず》ケ峰《みね》、極楽寺山《ごくらくじやま》、武田山《たけだやま》、呉娑々宇山《ごさそうざん》、絵下山《えげざん》などがあり、頂上からは太田《おおた》川デルタの街並み、瀬戸内の島々の穏やかな風景を見ることができる。こうした市街地の山々のいくつかは、中世の時代に山城が築かれていて、歴史的にも興味をそそられる。

瀬戸内の島には、宮島弥山《みやじまみせん》をはじめ、安芸小富士《あきのこふじ》、古鷹山《ふるたかやま》、倉橋火山《くらはしひやま》、七国見山《ななくにみやま》などがあり、船を利用しないと登れない山もある。いずれも山頂からの展望がすばらしいのが第一の特徴だ。海岸近くの標高が低いところから登るため、意外と体力を消耗する山もあるが、山頂から瀬戸内の多島美を見れば、疲れも吹き飛ぶだろう。天気がよい日には四国の石鎚山《いしづちさん》方面を見ることもできる。気候も温暖で冬でも雪を見ることは少なく、冬期に登る登山者も多い。ただし宮島弥山については登山者が多いせいもあるが、広島県が公認している3コース（もみじ谷コース、大聖院《だいしょういん》コース、大元谷《おおもとだに》コース）以外を歩いていて位置がわからなくなり、遭難するという事故が多い。3コース以外を歩くときは経験者との同行が必須だろう。冬期には凍結により階段の登り下りで転倒する事故も多い。

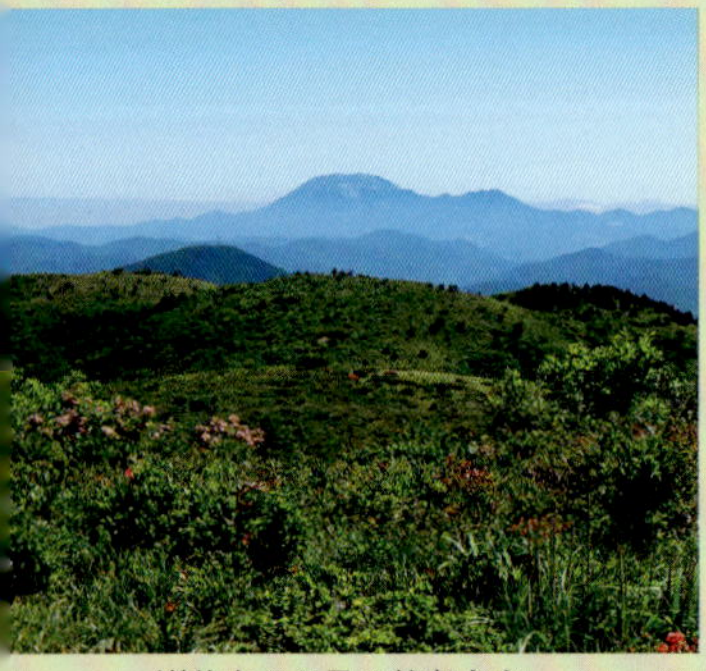

道後山から見る伯耆大山

クライマーにもハイカーにも人気の三倉岳。春の桜、初夏の新緑、秋の紅葉もみごとだ

●気候と風土

春　気温の寒暖差が大きい。また4月前後には黄砂も観察され、春霞と変わらないか、それ以上の天候となり、せっかくの眺望が台なしになることも多い。3月中旬には広島市近郊や、島嶼部の山は春の準備に忙しくなり、3月末には桜色が山を飾る。中国山地の山は1ヶ月近く遅れて春がはじまり、4月末から5月上旬にかけて、ユキザサ、チゴユリなどの花がいっせいに咲きはじめる。6月には梅雨に入るが、ミヤマヨメナなどの見ごろを迎えるため、雨を承知で登る登山者も多い。

夏　梅雨が明けると、島嶼部や広島近郊の山は猛暑に見舞われ、30度Cを超える暑さも珍しくない。夏は近郊の低山には登らないという登山者もいるほどだ。中国山地の山では、標高が高いため、比較的すごしやすいが、樹林帯のない山では気温が30度C近くになるので、熱中症には充分な注意が必要だ。またこのころには雷雨も多く発生する。

秋　中国山地では10月中旬から11月上旬にかけて紅葉の見ごろを迎える。広島市近郊や島嶼部の山は1ヶ月程度遅れての紅葉となる。11月に入ると山陽側と中国山地では天候が大きく変わってくる。中国山地側では気圧配置により、天気の急変が多くなり、時雨たり、降雪することもあるので、服装にも寒さ対策が必要になってくる。

冬　中国山地では降雪量も多く、場所によっては3㍍近い積雪もあり、遭難事故も起きている。初心者の場合は、冬期の登山は近郊の山や島嶼部の山を選択した方がよいだろう。

宮島弥山頂上から、広島市街を遠望する

ミヤマヨメナが群生する牛曳山への登路

秋深まる大峯山と山麓の田園地帯

●登山の楽しみ方

登山を楽しむには大きくわけると、自然にじっくり触れたい、山頂からの眺望、山野草を見たい、歴史的観点から登りたいなどがある。

自然にじっくりと触れあいたいという登山者には、森の女王といわれるブナやミズナラ、トチなどの広葉樹林帯の多い比婆山連峰、吉和冠山、臥龍山、大暮毛無山《おおぐれけなしやま》、市間山《いちまやま》～立岩山《たていわやま》、牛曳山《うしびきやま》～毛無山、恐羅漢山～旧羅漢山《きゅうらかんざん》、大万木山などをすすめたい。広葉樹林帯の多い山は新緑、紅葉の時期もすばらしい。

眺望を楽しみたい登山者には吾妻《あづま》山《やま》、烏帽《えぼ》子山《しやま》、池《いけ》ノ段《だん》、竜《りゅう》王山《おうざん》、毛無山、道後山、中《なか》野《の》冠山《かんむりやま》、雲月山《うんげつざん》、十方山、高岳《たかだけ》、可部《かべ》冠山《かんむりやま》、大峯山、広島近郊の山、島嶼部の山などがいいだろう。これらの山の多くは360度の眺望を楽しむことができる。

高山植物（山野草）の花を楽しみたい登山者は、吾妻山、道後山、雲月山、大野《おおの》権現山《ごんげんやま》山麓、掛頭山《かけずやま》・臥龍山山麓の霧《きり》ヶ谷《たに》湿原に咲くさまざまな山野草を推奨する。ミヤマヨメナの咲く牛曳山、フタリシズカの群落がある多飯《おおい》が辻山《つじやま》、カタクリとオオヤマレンゲの吉和冠山、オオヤマレンゲとドウダンツツジの恐羅漢山～旧羅漢山、市間山～立岩山のベニドウダン、エビネ、オオヤマレンゲの天狗石山《てんぐいしやま》、サンカヨウの咲く大万木山、十方山から藤本《ふじもと》新道間のナナカマドの紅葉などがある。もちろん、これ以外でも山野草を楽しめる山は多い。

歴史に興味のある登山者は、夢とロマンにあふれる吾妻山、比婆山連峰をまず第一にとりあげたい。大狩山《おおかりやま》では和泉式部が詩をよんだ場所や、山陰の尼子勢が毛利軍との戦のために通ったという尼子道が残っている。宮島は「厳島《いつくしま》」ともよばれ、平清盛がつくったとされる厳島神社や、毛利元就と陶晴賢の厳島合戦の壮絶な戦いの場となったことでよく知られている。可部冠山には石洲《せきしゅう》街道や可部峠の近くに峠の茶屋跡があり、往時をしのぶことができる。さらに、倉橋火山の登山口には、万葉ロマンを秘めた桂《かつら》ヶ浜《はま》があり、多飯が辻山には伯耆《ほうき》大山寺《だいせんじ》を中心に広がる大山信仰の山として崇め親しまれてきた大仙社《だいせんしゃ》がある。そのほか、武田氏が武田山に築城したといわれる銀山《かなやま》城など、まだまだ多くの中世代の歴史を感じさせるところがあるので、歴史を頭に入れて歩けば楽しさは倍増する。

●山での注意事項

＊登山道を多くの登山者が個人の持ち山と知らずに歩いている場合が多い。最も所有者が困ることは、多人数のグループで登山に来て、私有地で用をたすことだそうだ。このため入山禁止となったところもあるので注意が必要。水に溶けるといわれるティシュでもなかなか分解しないので、使用したものは持ち帰るようにしよう。

牛曳山登山口近くの秋の紅葉

たおやかな稜線を見せる雪の吾妻山

＊登山道は、近郊の山などでは地元の人やボランティアが整備したところも多いが、県境近くでは、下刈りを1年に1回すればよい方で、2年や3年に1回というところもある。このためササなどが繁って登山道がわかりにくいところがある。不安な場合は、地元市町村に問合せて登る方がよい。

＊筆者の所属する山岳会の会員が熊と鉢合わせになり、襲われたことがある。近年は市街地にも熊が出没したというニュースもよく聞く。充分に注意しなくてはならないが、対策としては、鳴り物を所持し、熊に人間がいることを知らせることだろう。大声で話すことも重要だ。単独行も慎んだ方がよい。万一熊に襲われて行動が不可能になれば、万事窮すとなるからだ。

＊事故が起きて緊急を要する場合は、スマートホンのGPS機能を利用して119番にかければ消防署に位置の確認ができる。有効な手段だが、電波の届かないところもあるので注意したい。

＊ガイドブックだけで登山している人を時々見かけるが、普段から地図と磁石を携帯し、現在地を確認しながら歩く習慣をつけることがたいせつだ。

本書の使い方

■日程　広島市を起点に、アクセスを含めて、初級クラスの登山者を想定した日程としています。

■歩行時間　登山の初心者が無理なく歩ける時間を想定しています。ただし休憩時間は含みません。

■歩行距離　2万5000分ノ1地形図から算出したおおよその距離を紹介しています。

■累積標高差　2万5000分ノ1地形図から算出したおおよその数値を紹介しています。は登りの総和、は下りの総和です。

■技術度　5段階で技術度・危険度を示しています。は登山の初心者向きのコースで、比較的安全に歩けるコース。は中級以上の登山経験が必要で、一部に岩場やすべりやすい場所があるものの、滑落や落石、転落の危険度は低いコース。は読図力があり、岩場を登る基本技術を身につけた中～上級者向きで、ハシゴやクサリ場など困難な岩場の通過があり、転落や滑落、落石の危険度があるコース。は登山に充分な経験があり、岩場や雪渓を安定して通過できる能力がある熟達者向き、危険度の高いクサリ場や道の不明瞭なやぶがあるコース。は登山全般に高い技術と経験が必要で、岩場や急な雪渓など、緊張を強いられる危険箇所が長く続き、滑落や転落の危険が極めて高いコースを示します。広島県の山の場合はが最高ランクになります。

■体力度　登山の消費エネルギー量を数値化することによって安全登山を提起する鹿屋体育大学・山本正嘉教授の研究成果をもとにランク付けしています。ランクは、①歩行時間、②歩行距離、③登りの累積標高差、④下りの累積標高差に一定の数値をかけ、その総和を求める「コース定数」に基づいて、10段階で示しています。が1、が2となります。通常、日帰りコースは「コース定数」が40以内で、～（1～3ランク）。激しい急坂や危険度の高いハシゴ場やクサリ場などがあるコースは、これに～（1～2ランク）をプラスしています。また、山中泊するコースの場合は、「コース定数」が40以上となり、泊数に応じて～もしくはそれ以上がプラスされます。広島県の山の場合はが最高ランクになります。

紹介した「コース定数」は登山に必要なエネルギー量や水分補給量を算出することができるので、疲労の防止や熱中症予防に役立てることもできます。体力の消耗を防ぐには、下記の計算式で算出したエネルギー消費量（脱水量）の70～80パーセント程度を補給するとよいでしょう。なお、夏など、暑い時期には脱水量はもう少し大きくなります。

		時間の要素		距離の要素		重さの要素
行動中のエネルギー消費量（kcal）	＝	1.8×行動時間（h）	＋	0.3×歩行距離（km）＋10.0×上りの累積標高差（km）＋0.6×下りの累積標高差（km）	×	体重（kg）＋ザック重量（kg）
＊kcalをmlに読み替えるとおおよその脱水量がわかります		山側の情報 —「コース定数」				登山者側の情報

広島県の山の花

写真＝廣田忠彦

表記の花期はおおよその時期を示します。

タンナトリカブト
掛頭山 9月

リンドウ
比婆山 10月

ムラサキセンブリ
比婆山 10月

ラショウモンカズラ
比婆山 5月

コアジサイ 恐羅漢山 7月

ヤマアジサイ 猫山 7月

アザミ 八幡高原 9月

フウロソウ 掛頭山 10月

タムラソウ
八幡高原
9月

ヨシノアザミ 八幡高原 9月

サワギキョウ 掛頭山 9月

ヤマボクチ 掛頭山 9月

トキワハゼ
八幡高原 9月

イカリソウ 4月
恐羅漢山

ヒメハギ
道後山 6月

ショウジョウバカマ
大暮毛無山 4月

キクバ
ヤマボクチ
福田の頭
10月

マツムシソウ
道後山 9月

オオバギボウシ 比婆山 7月

紫・褐色系の花

シュロソウ 猫山 7月

カタクリ 吉和冠山 4月

ツルニンジン 比婆山 9月

ツルリンドウ 十方山 10月

エンゴサク 河平連山 4月

シハイスミレ 呉娑々宇山 4月

ショウキラン 十方山 6月

ヤブツバキ 鈴峯山 4月

タニウツギ 比婆山 6月

ベニドウダン 立岩山 5月

サラサドウダン 恐羅漢山 6月

アカモノ 道後山 6月

ヒメユリ 猫山 7月

イワカガミ 比婆山 5月

赤色系の花

オドリコソウ 男鹿山 5月

チダケサシ 八幡高原 7月

レンゲツツジ 5月 冠山

シモツケソウ 7月 猫山

カワラナデシコ 猫山 7月

ヤマジノホトトギス 恐羅漢山 8月

ヨツバヒヨドリ 掛頭山 9月

ササユリ 恐羅漢山 6月

シラヒゲソウ
掛頭山 9月

トリアシショウマ
比婆山 7月

ヤマボウシ 比婆山 5月

アケボノソウ 臥龍山 9月

タンナサワフタギ 恐羅漢山 6月

カンスゲ 大万木山 5月

ユキザサ 比婆山 5月

白色系の花

バイカオウレン 大野権現山 3月

アセビ 鈴ヶ峰 4月

サギソウ 大野権現山 8月

シライトソウ 比婆山 6月

チゴユリ 比婆山 5月

イブキジャコウソウ 猫山 7月

イブキトラノオ 比婆山 7月

ギンリョウソウモドキ
掛頭山 10月

オトコオミナエシ 十方山 6月

サンカヨウ 大万木山 5月

オククルマムグラ 吉和冠山 5月

ナルコユリ 比婆山 6月

ヤマシャクヤク
恐羅漢山 6月

ミヤマヨメナ 比婆山 6月

オオヤマレンゲ 旧羅漢山 6月

フタリシズカ
多飯が辻山
5月

サラシナショウマ 吾妻山 9月

ツクバネソウ 比婆山 5月

ホウチャクソウ
比婆山 6月

ウメバチソウ
比婆山 10月

アキノキリンソウ
吾妻山 8月

キバナカワラマツバ 比婆山 7月

キバナアキギリ 比婆山 9月

黄色系の花

キレンゲショウマ
恐羅漢山 8月

ネコノメソウ 十方山 9月

キンラン
恐羅漢山 6月

サルメンエビネ
市間山 6月

オタカラコウ 十方山 10月

01

草原と高山植物が手軽に楽しめる山

道後山

日帰り

どうごやま
1271m（1268m＝1等三角点の標高）

歩行時間＝2時間35分
歩行距離＝6.0km

技術度
体力度

コース定数＝**10**
標高差＝192m
累積標高差 ↗360m ↘360m

月見ヶ丘より岩樋山を見る

初心者でも比較的手軽に登ることができ、春から秋にかけての高山植物の開花、秋の紅葉に人気が高い山だ。県東北部にあり、南側に猫山《ねこやま》、西側に比婆山《ひばやま》連峰、東側に伯耆大山《ほうきだいせん》などと対峙している。かつて砂鉄の採掘でにぎわったエリアであり、いまもその跡が残っている。両国《りょうごく》牧場があった頂上付近は緩やかな草原状の山で、気持ちよく歩くことができる。「花の百名山」で知られる田中澄江さんや牧野富太郎博士も訪れた広島県の名山を歩いてみよう。

　標高1080㍍の**月見《つきみ》ヶ丘《おか》駐車場**が登山口。目の前に岩樋山《いわひやま》がどっしりと構えている。はじめはミズナラやカエデなどの広葉樹林帯の中を歩く。やがて**展望休憩所**に到着するが、周囲の木々が生長して展望は望めない。すぐに岩樋山に登るルートと、道後山に向かう道の分岐となる。ここではまず岩樋山を目指そう。広葉樹に加え、カラマツ林の中をジグザグ状の登りが続くが、短い距離だ。

　カラマツ林を抜けると頂上が近づき、展望が開けてくる。このあたりから道後山までは、春から秋

アカモノ

ヒメハギ

■鉄道・バス

往路・復路＝鉄道・バスを利用した日帰り登山は難しい。

■マイカー

中国自動車道庄原ICから国道183号を道後山方面に向かい、道後山高原クロカンパーク入口を右折する（約1時間）。あるいは東城ICから国道314号を北上し、国道183号に出て右折する（約40分）。

■登山適期

1～3月は積雪があるため、4月以降がよい。花期は5～10月で、イワカガミ、アカモノ、タニウツギ、レンゲツツジ、ヤマツツジ、ヒメハギ、ヤマボウシ、初夏から秋にかけてはウツボグサ、ハンカイソウ、ササユリ、ツリフネソウ、カワラナデシコ、シコクフウロ、サラシナショウマ、タンナトリカブト、マツムシソウ、リンドウ、アケボノソウ、ウメバチソウなど多くの花が見られる。

■アドバイス

▽月見ヶ丘駐車場には30～40台駐車可能で、その横にトイレがある。

▽岩樋山～道後山にかけては広大な草原の稜線のため、悪天候の場合は霧や落雷に注意。

▽毎年6月中旬に、道後山高原開き・スズラン祭りが行われる。開催日や場所などの詳細は、西城町観光協会へ問合せのこと。

▽周辺の宿泊施設には道後山高原ク

↑岩樋山頂上近くから猫山を望む

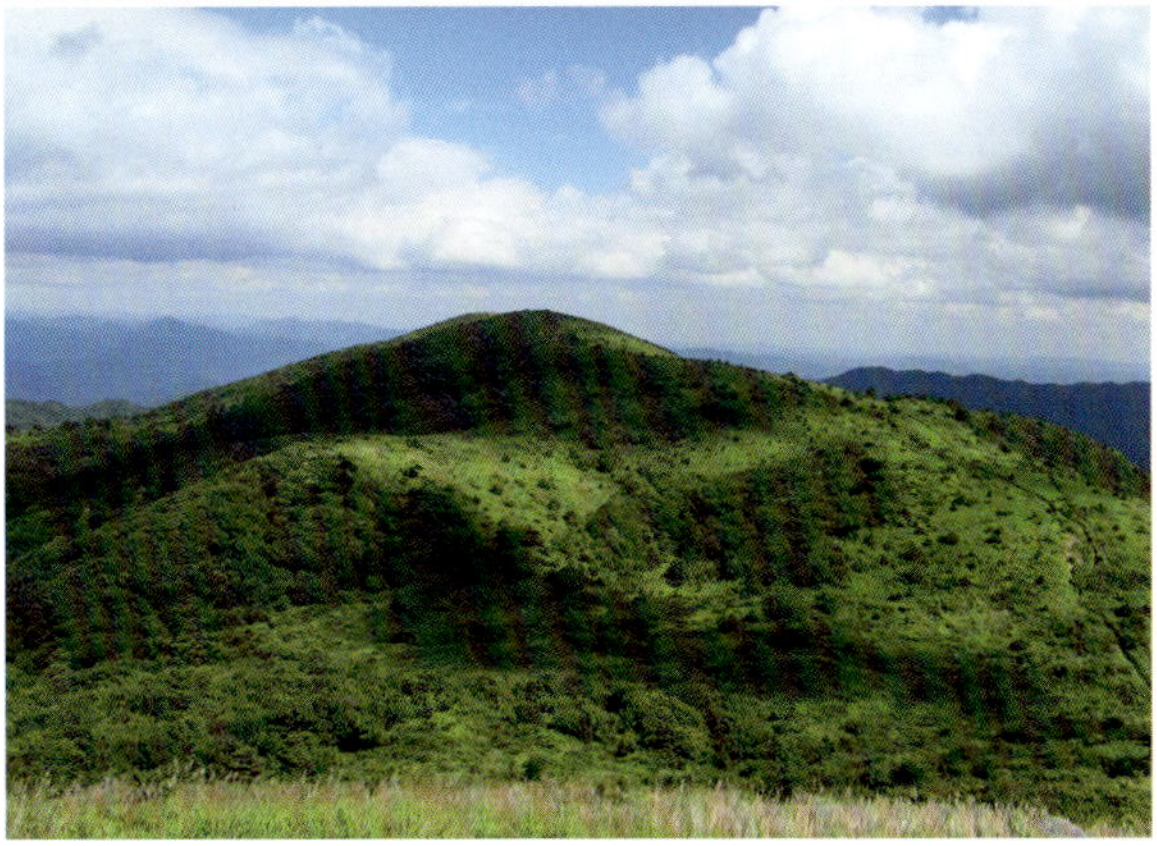

←岩樋山をあとに道後山に向かう

に多くの花を見ることができる。**岩樋山**の頂上は360度の展望だ。天気がよければ、やはり伯耆大山がよく目立つ。その左に船通《せんつう》山《ざん》、さらに比婆山連峰、猫山、多《おお》飯《い》が辻山《つじやま》など大パノラマが広がる。宍道湖《しんじこ》や日本海が見える時もある。季節によっては昼寝したくなるような山頂だ。

ロカンセンターに隣接してひば・道後山高原荘（☎0824・84・2170）がある
▽日帰り入浴施設として、道後山高原クロカンパーク内にすずらんの湯、庄原IC近くに桜花の郷ラ・フォーレ庄原、東城温泉にリフレッシュハウス東城がある。

■問合せ先
西城町観光協会☎0824・82・2727、道後タクシー☎08477・5・0073

■2万5000分ノ1地形図
道後山

岩樋山から道後山へは東の尾根筋に沿って、短いが急な下りとなる。最低鞍部が**月見ヶ丘への近道分岐**である。ここから先は6月初旬ごろにタニウツギの花やアカモノも数多く見られる。右側には石塁が続いているが、現在その多くは草で覆われている。放牧のための石積みで、このあたり一帯が両国牧場だったところだ。

分岐からは緩やかな登りとなる。すぐに**大池分岐**だが、まっすぐ進もう。左右は低いササ原で、すがすがしい風とすばらしい展望で足も軽く感じる。

道後山頂上から伯耆大山を望む

道後山は1等三角点の山で、360度の展望が広がる。伯耆大山も岩樋山からよりは近く感じられ、比婆山連峰、猿政山《さるまさやま》、猫山、多飯が辻山、日本海などの大パノラマがすばらしい。

下山は大池を経由していこう。東に少し歩くと分岐となり、左に行くと持丸山《もちまるやま》登山口、右は大池を経由して月見ヶ丘・岩樋山を示す案内板がある。右の大池方面に入る。しばらくすると展望のきかない樹林帯に入る。道後山の山腹を巻くように歩く道で、秋の紅葉の時期には美しい景色となる。

大池への道すがらは、タムラソウ、ハンカイソウ、ツリガネニンジンなどの花が多い。**大池**をすぎ、緩やかな登りとなり、展望が開けてくると、道後山と岩樋山の縦走路に**合流**する。最低鞍部まで下ると**月見ヶ丘近道と岩樋山との分岐**となる。ここは月見ヶ丘近道のルートを選ぼう。展望はきかないが平坦な横手道で歩きやすい。15分あまりで岩樋山への分岐を経由して往路の**展望休憩所**に戻り着く。ここからは15分もあれば**月見ヶ丘駐車場**だ。

（廣田忠彦）

CHECK POINT

1

岩樋山・道後山分岐を左に、カラマツ林を登って岩樋山へ

2

月見ヶ丘と、うしろに比婆山連峰を望む（岩樋山より）

3

月見ヶ丘近道・道後山・岩樋山分岐は直進して道後山へ

4

1等三角点の道後山山頂。伯耆大山の展望が印象的だ

5

持丸山登山口、道後山、大池への分岐。右に大池に向かう

6

春から秋にかけて、多くの山野草が見られる大池

国道183号、備後落合駅へ
道後山高原スキー場
1088
P WC
月見ヶ丘駐車場
1079m
Start Goal
1104
展望休憩所
木々の生長で展望は期待できない
1074
岩樋山・道後山分岐
岩樋山
1271
月見ヶ丘分岐
大池分岐
道後山
1271
1268
大池
持丸山・大池分岐
鳥取県
日南町
広島県
庄原市
持丸山（多里大山）
1224
1210
1137
1096
1046
1:20,000
0
500m
N
持丸へ

02

天台修験道と大山信仰の歴史をとどめ、伯耆大山の展望も魅力

多飯が辻山

おおいがつじやま 1040m

日帰り

歩行時間＝2時間20分
歩行距離＝3・0km

技術度
体力度

コース定数＝10
標高差＝450m
累積標高差 450m 450m

井河内から見た多飯が辻山

多飯が辻山は庄原《しょうばら》市東城《とうじょう》町粟《あわ》田《た》北部にある山で、地元では「井《い》河内大山《ごうちだいせん》」ともよんでいる。道後《どうご》山《やま》の南側にあたり、鳥取県境が近いエリアだ。晴れた日には遠く伯《ほう》耆大山《きだいせん》や日本海を見わたすことができる。地元の田森《たもり》自治振興区の資料によると、名称に「多飯」という天台修験行事をうかがわせる語句を冠していることから、古くは天台修験の場であったことが推定されている。山頂近くに牛馬守護の神・大山智明大権現を祀る大仙社があり、往時には伯耆大山寺を中心に広がる大山信仰の山として、崇め親しまれてきたのだろう。この地区は「比婆荒神神楽」発祥の地であり、歴史的にも興味深いものが数多く残っている。

登山ルートは西登山道と東登山道があるが、ここでは東登山道を紹介しよう。県道足立《あだち》東城線を走り、北区自治会館（北区集会所）を左折する。ここに多飯が辻山案内板がある。

案内板にしたがって井河内に向かっていくと登山口の標識があり、さらに進むと**東登山口**の駐車場に着く。20台程度が駐車でき、簡易トイレも設置されている。

駐車場を出るとすぐ左に東登山口の案内板がある。ここから山道となり、7基の一丁地蔵が頂上へ案内してくれる。金属の階段や急登が続くが、途中に2箇所ほどベンチがあるので、休憩しながらゆっくり進むとよい。

作業道と合流したところに2つ目のベンチがある。この先、左右の木々にダンコウバイ、ウワミズザクラ、オオイタヤメイゲツなど多くの名札がついているので、楽しみながら歩くことができる。

急な登りが終り、緩やかな桧林になると、まもなく**天王社**に着く。まっすぐ進むと、右前方が伐採さ

■鉄道・バス
往路・復路＝JR芸備線東城駅が最寄り駅だが、登山口までのバス便はないのでタクシーを利用する。
■マイカー
中国自動車道東城ICから国道314号、続いて県道12号を北進、井川内集落へ。約11・5キロ。
■登山適期
1～3月は積雪があるので、一般には4月以降がよい。花期は5～10月。紅葉は10月中旬～11月上旬。
■アドバイス
▽下山後はリフレッシュハウス東城の温泉で疲れをいやすとよい。
▽登山口手前の田森地区は「神々が棲む里」として知られ、比婆荒神神楽は国指定重要無形文化財。地神さん参拝コースなども設定されているので、詳しくは田森自治振興センターへ。
■問合せ先
田森自治振興センター☎08477・2・0661、東城交通タクシー☎08477・2・4339
■2万5000分ノ1地形図
備中矢田

山頂から伯耆大山の展望

れていて、周囲が明るくなる。頂上近くにはりっぱなあずまやが建っている。展望がすばらしく、南側に天神山《てんじんやま》や星居山《ほしのこやま》などが見える。このあずまやのすぐうしろが**多飯が辻山**山頂だ。3等三角点の石柱が埋められていて、北側に伯耆大山、道後山《どうごやま》、比婆山《ひばやま》、猫山《ねこやま》方面の山々を望むことができる。周辺にフタリシズカの群落があり、ギボウシ、オカトラノオ、チゴユリ、ワダソウ、イカリソウなどを見ることができる。

　山頂から北側に急坂を下ると大仙社がすぐ左下に見えてくる。道がやや悪い時期もあるが、たいしたことはないのでお参りするとよいだろう。

　下山は大仙社から引き返してもよいし、伐採地横を少し進んで左の桧林に入ると、すぐに往路の**天王社**に着く。ここからは往路を引き返すことにしよう。

（廣田忠彦）

CHECK POINT

東登山口駐車場。駐車は20台ほど。簡易トイレも設置されている

登山口の案内板から山道に入る。急坂には金属の階段も設けられている

急登の途中にある作業道合流点。ベンチがあるので休んでいこう

急坂が終ると、ほどなく天王社に着く。分岐は直進する

頂上直下のあずまやからの展望。天神山や星居山などを望む

大山信仰の名残をとどめる大仙社。ここから天王社に戻ることもできる

03 比婆山連峰 御陵・立烏帽子山

県内一のブナの原生林に包まれた神話の山

日帰り

ひばやまれんぽう 1264m
ごりょう
たてえぼしやま 1299m

歩行時間＝4時間45分
歩行距離＝10・5km

技術度
体力度

コース定数＝**20**

標高差＝499m

累積標高差 784m 784m

比婆山連峰は広島県の北東部、島根県との境にあって、県民の森の六《ろく》の原《はら》を中心に1200メートル級の山々が連なっている。その中心的な存在として比婆山・御陵がある。古事記によると日本の国を生んだといわれるイザナミノミコトが亡くなったのち、出雲《いずも》国と伯伎《ほうき》国の境にある比婆の山に葬られたという記述があり、比婆の山・御陵がここにあたるのではないかということから、信仰の山として、島根県、鳥取県、岡山県などより多くの参拝者が訪れる。以前、御陵は「美《み》古登山《ことやま》」ともよばれていた。1971年に県民の森が建設され、初心者でも歩ける遊歩道やキャンプ場施設が整備されている。冬期にはスキー場が開設され、毎年5月には比婆山国際スカイランが開催

■鉄道・バス

往路・復路＝バス便はないのでJR備後西城駅から駅前タクシーで六ノ原県民の森まで30分、備後落合駅から道後タクシーで20分。

■マイカー

中国自動車道庄原ICから国道183号を西城方面へ。国道314号に入り、比婆山温泉から県道256号に入って県民の森へ。東城ICから国道314号を北上し、備後落合に出て県民の森へ50分。

■登山適期

1～3月までは積雪があり、4月中旬以降がよい。5月中旬の新緑と10月中旬から11月上旬の紅葉がすばらしい。また、春から初夏の池ノ段は心をさわやかにさせてくれる。春から秋にかけて、チゴユリ、ユキザサ、ネコノメソウ、タムシバ、ヤマボウシ、アカモノ、ササユリ、タニウツギ、レンゲツツジ、ヤマツツジ、コアジサイ、ナルコユリ、リンドウ、ウメバチソウなど、さまざまな花を見ることができる。

■アドバイス

▽車で立烏帽子駐車場に行くにはJR比婆山駅の1キロ先の鳥居を左折して県道254号を熊野上尺田に行くと立烏帽子駐車場に続く道がある。約30分で駐車場に着く。駐車場の端から眺望のよい池ノ段に行く道があり、20分くらいで到着する。また竜

↑展望園地からの眺望。牛曳山、伊良谷山が目の前に迫る

池ノ段から見る吾妻山（左）、大膳原（中央鞍部）、比婆山・御陵（右）を見る→

され、全国から多くの人が集まる。

比婆山連峰の登山コースは、牛《うし》曳山《びきやま》コース、伊良谷山《いらだにやま》コース、毛《け》無山《なしやま》コース、烏帽子山《えぼしやま》コース、比婆山・御陵コース、熊野《くまの》神社コース、吾妻山《あづまやま》コースなどがある。ここでは人気のある比婆山・御陵コースを案内しよう。公園センター～展望園地～立烏帽子山～池ノ段～比婆山・御陵～烏帽子山～出雲峠～公園センターのルートだ。

公園センター裏の第一キャンプ場に向かって舗装道路を歩く。5分ほど歩くと第一キャンプ場の案内板があるのでここを左折する。さらに5分歩くと、右に展望園地の道標がある。ここから山道となるが、広い道で歩きやすい。**展望園地**からは正面に牛曳山や毛無山が目の前に見える。トイレの横を通って下っていくと「展望園地0・4キロ、立烏帽子駐車場まで1・8キロ」の道標がある。左に大きく回りこむように登っていくと左に道後山《どうごやま》と猫山《ねこやま》が見える。

しばらく緩やかな登りだが、標高1125メートルから急な登りとなる。登りきったところが**立烏帽子駐車場**だ。尺田《しゃくた》からの林道がここまで上がっている。立烏帽子山へは比婆山ルート案内板のうしろか

王山へは反対側の方に走るとすぐに竜王山駐車場に着く。ここから楽に山頂に行くことができる。

▽縦走中に途中で下山する場合は、越原越から800メートル歩くと大岩谷林道に出て、50分で公園センターに着く。また御陵近くから公園センターに下りる道と御陵と烏帽子山の鞍部にある公園センターに下りる道は途中で合流する。ブナの大木を見ながら下ると1時間20分で公園センターに到着する。

▽比婆山の山開きの開催日や場所などの詳細は、西城町観光協会へ問合せのこと。

▽県民の森は2024年4月現在、宿泊施設や日帰り入浴施設、レストランは閉鎖しているが、売店やトイレ、キャンプ場は利用できる。

■問合せ先

西城町観光協会☎0824・82・2727、県民の森公園センター☎0824・84・2020、駅前タクシー☎0824・82・2314、道後タクシー☎08477・5・0073

■2万5000分ノ1地形図

比婆山

ら進む。すぐに「千引岩《せんびきいわ》を経て比婆山御陵へ2・5キロ、立烏帽子山へ0・5キロ」の分岐点となるので、立烏帽子山の方に向かう。山頂までは急登だ。**立烏帽子山**山頂部は狭いが、比婆山連峰の最高地点である。

　山頂から下りはじめると、すぐに展望がよくなり、目の前に池《いけ》ノ段《だん》、左に竜王山《りゅうおうざん》、道後山、猫山が見える。

　約15分で**池ノ段**に到着する。360度のすばらしい眺望だ。これから向かう御陵が目の前に見え、その左に吾妻山、隣に猿政山《さるまさやま》、北東側は毛無山、伯耆大山《ほうきだいせん》、東側に立烏帽子山、右に竜王山、道後山、猫山が見える。

池ノ段を見ながら進む

烏帽子山山頂から毛無山を見る。うしろに伯耆大山がうっすらと見える

　展望を楽しんだら御陵に向かおう。急坂を下ると樹林帯になる。まもなく千引岩経由の立烏帽子駐車場との分岐に出る。「御陵まで1・2キロ、烏帽子まで2・3キロ」の道標があり、ここを下りると**越原《おっぱら》越《ごえ》**だ。右折すると公園センターまで50分で着くことができる。

　越原越から御陵へは標高差150メートルを登る。はじめは急登だが、20分くらいで緩やかになり、御陵は近い。右にブナ林を経て、公園センターへ下る分岐付近はブナの純林（国天然記念物）が続き、県内屈指のブナ林となっている。こうした純林が見られるのは、御陵が信仰の山として崇められ、ブナの伐採を免れたためだろう。

　平坦な丘陵地の中心部が御陵である。1000年を超えるイチイの樹があり、陵墓とされる周辺は柵で囲まれている。近くに説明板もあるので、**比婆山・御陵**の歴史に思いを馳せていくとよい。

　烏帽子山へは、ここから10分ほど下ると、左に「大膳原《だいぜんばら》へ近道1・6キロ」、右側に「ブナ林を経て管

出雲峠にある避難小屋

美しい広葉樹の道が続く

CHECK POINT

1 六ノ原公園センターから第一キャンプ場方向に進んでいく

2 左に大きく回りこんで尾根上に出ると、道後山、猫山が見えてくる

3 比婆山連峰最高峰の立烏帽子山山頂から南に竜王山を見る

4 草地が心地よい池ノ段。シーズンには大勢のハイカーが休んでいる

5 比婆山・御陵。陵墓といわれる周辺は柵で囲われている

6 出雲峠。直進すれば毛無山方面へ、公園センターに戻るには右に下る

理センターへ2・8キロ」とある。このルートは御陵からのルートと途中でいっしょになる。鞍部から200メートルほど行くと、「東周りで200メートル、西回りで200メートル」とあるが、どちらを歩いてもよい。**烏帽子山**からの眺望はすばらしく、今歩いてきた比婆山・御陵や毛無山、伊良谷山、牛曳山、伯耆大山、吾妻山、猿政山、道後山、猫山などが見える。

景色を楽しんだあとは出雲峠に向かおう。大きなブナが続き、新緑と紅葉時にはすばらしい景色となる。6月にはアカモノも景色を一段と引き立たせる。

尾根から谷を横切ると桧林になり、毛無山との分岐の**出雲峠**に着く。右折すると避難小屋とトイレがある。ここから公園センターまでは緩やかな下りで、広葉樹林が多く、新緑や紅葉の時期はすばらしく、森林浴に訪れる人も多い。途中から道幅も広くなり、広葉樹の下を気持ちよく歩ける。広葉樹の道を抜けるとすぐに**公園センター**に到着する。

（廣田忠彦）

島根県
奥出雲町
吾妻山
1238
360度の展望
5-4
小爾山
ベンチがある
花が多く見られる
5-3
ここまで草原
5-2
5-1
原池
瓢箪池
大池
池ノ原
旧休暇村
吾妻山ロッジ
1004m
Start Goal
美しい樹林帯
南ノ原
展望がよい
1159
樹林帯
大膳原・
南ノ原分岐
5-5
大膳原
1036
5-6
花が多い草原
吾妻山、
烏帽子山、
比婆山が見える
烏帽子山
1225
すばらしい展望。
伯耆大山も見える
ブナが多い
比婆山
(御陵)
3-5
1264
イチイの巨木がある
天気が悪いと
ぬかるむ
比婆山のブナ純林
越原越
公園センター
まで約50分
県民の森スキー場
出雲峠
3-6
きぎょうヶ丘
1071
きぎょうヶ丘分岐
毛無山
1144
4-6
360度の展望。
日本海や伯耆大山
も見られる
4-5
1061
伯耆大山が見られる
伊良谷山
1149
分岐
牛曳山
1144
4-4
道後山が見える
4-3
牛曳滝
ミヤマヨメナの道
新緑・紅葉時
は美しい
第二キャンプ場
第四キャンプ場
六ノ原
鳥尾川
県民の森
公園センター
3-1
800m
Start Goal
第一キャンプ場
996
展望園地
牛曳山、
伊良谷山が
目の前に見える
展望園地0.4km、
立烏帽子Pまで1.8km
の道標
3-2
道後山と猫山が見える
4-2
シラカバ林
4-1
牛曳山登山口
大峠
国道314号、備後落合駅へ
553
777
676
997
935
937
991
1083
1122
906
1023
751
861
942
825
600
700
800
900
1000
1100
1200
0.50
0.30
0.30
0.40
0.20
0.30
0.45
0.35
0.05
0.35
0.50
0.40
0.35
0.20
0.25
0.30
0.25
0.40
0.50
0.35
0.40
0.30
0.40
0.35
0.40
0.20
0.55
0.40
0.10
0.35
0.20
1.00
0.50

1:30,000
0
500m
N
広島県
庄原市
比和町
三河内
越原
国道432号 森脇へ
国道183号 備後西城駅へ
立烏帽子山
1299
竜王山
1256
駐車場
烏帽子
池ノ段
360度の展望
池ノ段がきれいに見える
急な登り
中国自然歩道
360度の展望。伯耆大山、立烏帽子山、池ノ段、福田頭、大万木山、三瓶山などが見える
車はここまで入れる
駐車場広場
プレハブ小屋
三差路
天狗の相撲場
烏尾の滝（那智の滝）
シャガの群落
熊野神社
大鳥居登山口
680m
Start
Goal
熊野川
熊野神社前バス停
中尺田バス停
中尺田
力石バス停
上尺田バス停
上尺田
庄原市廃止代替等バスが平日のみ運行されているが便数が少ない
3-3
3-4
6-1
6-2
6-3
6-4
6-5
6-6
0.30
0.25
0.15
0.20
0.10
0.05
838
896
857
874
872
825
762
617
690
958
1056
1066
1045
1279
948
852
713
873
754
764
882
943
1081
1237
855

04

シラカバ林、ミヤマヨメナ、ブナ林と比婆山連峰の展望が魅力

牛曳山・伊良谷山・毛無山

日帰り

歩行時間＝3時間5分
歩行距離＝8・3km

技術度 ■□□□□
体力度 ■□□□□

うしびきやま 1144m
いらたにやま 1149m
けなしやま 1144m

コース定数＝**15**

標高差＝349m

累積標高差 ↗661m ↘661m

↑展望園地から紅葉彩る毛無山を望む

←牛曳山に続く尾根

　牛曳山、伊良谷山、毛無山は広島県の北東部、庄原《しょうばら》市西城《さいじょう》町と島根県奥出雲《おくいずも》町との境に位置している。六《ろく》の原《はら》の公園センターを中心に、南側から比婆山《ひばやま》連峰の竜王山《りゅうおうざん》、立烏帽子山《たてえぼしやま》、池ノ段、比婆山・御《ご》陵《りょう》、吾妻山《あづまやま》、烏帽子山《えぼしやま》、毛無山、伊良谷山と続き、いちばん端の北東側が牛曳山になる。公園センターを囲むようにそれぞれの山が位置しているので、自由にルートを選ぶことができ、何度出かけてもあきないエリアだ。ここでは牛曳山から毛無山に縦走し、出雲峠から下山するコースを歩いてみよう。

　公園センターから来た道を90㍍戻ると車両通行止めの鎖があり、その横に**牛曳山登山口**の道標が立っている。広い砂利道を5分ほど歩くと牛曳山2・3㌔の道標があり、山道となる。6月には右下にミヤマヨメナの群落が見られる。また左右には美しいシラカバ林が続く。新緑には緑と白い木肌、秋には赤、黄色の紅葉で一段と映え、カメラマンも多く足を運んでくる。

　シラカバ林をすぎると谷沿いの道となり、まもなく牛曳滝に着く。滝の横の急坂を登ると滝の上部に

■**鉄道・バス**
往路・復路＝鉄道、バスを利用しての日帰りは難しい。

■**マイカー**
中国自動車道庄原ICから国道183号を備後落合へ向かい、314号に入り、比婆山温泉前を左折、県民の森に進む。広い駐車場がある。

■**登山適期**
4月まで残雪がある。残雪のある時期もすばらしい景色が見られるが、それなりの装備が必要となる。5月にはブナが芽吹きはじめ、11月まで花が楽しめる。5月からユキザサ、コケイラン、チゴユリなどにはじまり、ヤマボウシ、アカモノ、ナルコユリ、ササユリ、マイヅルソウ、レンゲツツジ、ヤマツツジ、ツルニンジン、イワカガミなど多くの花々を楽しむことができる。特に6月のミヤマヨメナの咲く時期は多くの登山者でにぎわう。10月末から11月上旬の紅葉の時期はシラカバ林に映えるモミジとの組み合わせがすばらしく、登山口から近いこともあり、写真家もよく訪れる。紅葉時は出雲峠から公園センターへの道も楽しめる。

■**アドバイス**
▽時間に余裕があれば、県民の森公園センター近くの常設テントに宿泊し、比婆山連峰を縦走するのもよい。申し込みは県民の森へ（県民の森の営業は21㌻を参照のこと）。

紅葉に彩られた牛曳山登山道を行く

出る。続いて谷から離れると大きなブナの林が続く。6月には左右にミヤマヨメナの花が咲き乱れ、最高のロケーションとなるところだ。

ほどなく**牛曳山**に着く。地形図に山名はなく、標高点の数値が記載されているだけだ。眺望はよくないが、北東の三井野原《みいのはら》側に行くと道後山《どうごやま》や猫山《ねこやま》がよく見える。

伊良谷山へは左に緩やかに下っていく。まもなく伊良谷山と公園センターの分岐となり、登りに転じる。6月にはレンゲツツジやアカモノ、ササユリ、ヤマツツジが咲く登りとなり、やがて**伊良谷山**に着く。眺望はよく、比婆山連峰や伯耆大山《ほうきだいせん》、眼下には公園センターやスキー場、これから行く毛無山も見える。一角に3等三角点があるが、牛曳山同様、山名はない。

毛無山へは標高差約120メートルを下っていく。やや急なところもあるので、注意して歩こう。樹林帯を抜けると急な登りとなり、まもなく草原上の**毛無山**山頂に着く。360度の眺望が広がり、縦走してきた牛曳山、伊良谷山をはじめ、比婆山連峰、猿政山《さるまさやま》、伯耆大山、道後山、猫山、日本海など、あきることがない眺めだ。

毛無山山頂からは、センターに行く道もあるが、道標にしたがって県境を出雲峠に向かおう。すぐに樹林帯に入る。岩が多い急坂なので、慎重に歩こう。途中、ききょうヶ丘を経由する道と、まっすぐ下りる道があるが、どちらを歩いてもよい。鞍部が**出雲峠**で、烏帽子山と毛無山、公園センターへの分岐となる。左折すると避難小屋とトイレがある。鳥尾《とりお》川に沿って広葉樹林帯の林を歩こう。秋にはすばらしい紅葉が見られる。出発点の**公園センター**へは30分強で下り着く。（廣田忠彦）

CHECK POINT

1 公園センターから車道脇を900メートルほど戻ったところが牛曳山登山口

2 歩きはじめのしばらくはシラカバ林が続く

3 ミヤマヨメナの咲く小道。6月の花期のころに訪れたい

4 牛曳山山頂。樹林に囲まれて展望は得られない

5 5月になると登山道沿いにヤマツツジなどさまざまな花が見られる

6 広い毛無山頂上からは360度の展望が楽しめる

＊コース図は24～25ページを参照。

▽毛無山へは公園センターから出雲峠側に少し歩くと毛無山登山口の道標があるので、これに沿って歩くと、1時間あまりで毛無山山頂に着く。

■問合せ先
西城町観光協会☎0824・82・2727、県民の森公園センター☎0824・84・2020、道後タクシー☎0824・84・2152

■2万5000分ノ1地形図
比婆山

05 古代ロマンを秘めた山で、すばらしい展望と花も魅力

吾妻山

あづまやま
1238m

日帰り

Ⓐ歩行時間＝1時間40分　歩行距離＝3・4㎞
Ⓑ歩行時間＝3時間35分　歩行距離＝5・1㎞

技術度　体力度

コース定数＝Ⓐ7Ⓑ12

標高差＝Ⓐ234mⒷ234m

累積標高差　Ⓐ↗261m　↘261m　Ⓑ↗385m　↘385m

大膳原より吾妻山を望む

吾妻山は比婆山《ひばやま》連峰の西端に位置し、山頂は広島県と島根県の県境上にある。比婆道後帝釈《ひばどうごたいしゃく》国定公園に指定されていて、優美な山容と花を目的に訪れるハイカーが多い。

山名の由来はイザナギノミコトが山頂から比婆山（御陵）に眠る妻イザナミノミコトを「ああ吾が妻よ」としのんだからという伝説があり、「阿図《あず》馬山《まやま》」ともよばれていた。

この山の花は、4月のミズバショウにはじまり、5月にはチゴユリ、ユキザサ、ネコノメソウ、イワカガミ、レンゲツツジ、6月にはヤマアジサイ、コアジサイ、アカモノ、7月にはオカトラノオ、カワラナデシコ、ミズギボウシ、8月にはタムラソウ、ホツツジ、キツリフネ、9月にはサラシナショウマ、ウメバチソウ、マツムシソウ、10月にはリンドウ、ヤマラッキョウなど、さまざまな高山植物を楽しむことができる。

吾妻山一帯は古くからたたら製鉄が盛んであったため、多くの木が伐採された。その後、牛を放牧したため、現在のような草原になって、お花畑が見られるようになったのだろう。

登山ルートはいくつもあるが、ここではⒶ池《いけ》ノ原《はら》から吾妻山に登り、南側に下りて、南《みなみ》ノ原《はら》から旧休暇村吾妻山ロッジに戻るコースと、Ⓑ山頂から東側の大膳原《だいぜんばら》に下り、ここから南ノ原に出て旧休暇村吾妻山ロッジに戻るコースを紹介しよう。

Ⓐ旧吾妻山ロッジ横の原池の横を通り、草原を北東にまっすぐ進む

■鉄道・バス
往路・復路＝公共交通機関を利用しての日帰りは困難。

■マイカー
庄原ICから国道432号を北上し、比和町森脇から県道255号へ。所要50分。駐車場は充分なスペース。

■登山適期
春は山菜採り、春から秋の時期にかけては100種類近い山野草を見ることができる。池ノ原周辺だけでも多くの山野草が見られる。秋の池ノ原から見る吾妻山の紅葉もすばらしい。

■アドバイス
▽休暇村吾妻高原ロッジは2021年3月で閉鎖。トイレはキャンプ場入口にあり、右に行くと南ノ原、左に行くと原池からのコースに合流する。
▽朝早く出発すれば烏帽子山、比婆山・御陵、池ノ段まで足をのばすことができる。
▽大膳原の休憩所を利用した時には、きれいにして帰るように。
▽水は休憩所のうしろや野営場に夏でも冷たい水がある。トイレも近くにある。

■問合せ先
庄原市役所比和支所☎0824・85・2111

■2万5000分ノ1地形図
比婆山

と、吾妻山への道標がある。これに沿って進んでいく。はじめは展望のきかない広葉樹の林の中を進む。木の階段の土砂が雨で流れて歩きにくいところもあるので、一歩一歩ゆっくりと進もう。

まもなく明るくなると、草原状の小彌山《こみせん》に着く。ベンチがあるのでひと息入れ、周りの景色を楽しもう。平坦な登山道をすぎると、右に緩く回る。このあたりは花が楽しめるところで、5月にはアカモノやイワカガミが多い。

階段が緩くなると、まもなく**吾妻山**山頂に着く。360度の展望が広がり、東に竜王山《りゅうおうざん》から比婆山連峰、南東に福田頭《ふくだがしら》、北東に伯耆《ほうき》大山《だいせん》、船通山《せんつうざん》、北に宍道《しんじ》湖、西には猿政山《さるまさやま》などを望む。

山頂での眺望を満喫したら下山にかかろう。南ノ原に向けて歩くと、すぐに大膳原への分岐点となるが、直進する。左には比婆山・御陵《ごりょう》が大きく見える。花も多く、快適な道だ。

約25分で**南ノ原**に到着する。大膳原からの合流点でもある。ここを右折して旧休暇村吾妻山ロッジに向かう。サワグルミやブナ、ミズナラなどが見られる美しい広葉樹林帯の林を歩く。林を抜けると舗装路に出る。まっすぐ舗装路を歩くと第一キャンプ場だ。ここから林を横切るか舗装路に沿って歩いても**旧休暇村吾妻山ロッジ**に着く。

Ⓑ山頂から大膳原へは、南ノ原方面に進むと、すぐに大膳原へ1㌔の道標があるので、ここを左折する。折り返して下ると、「**大膳原に0・4㌔、南ノ原0・9㌔**」の道標がある。ここを左折する。広葉樹林帯が続き展望はきかない。大膳原が近くなるとしだいに草原に変わってきて、目の前に大膳原の広々とした草原が見えてくる。**大膳原**には、中央付近左側に大膳原野営場、休憩所（避難小屋）、トイレがある。道標に沿って左折すると、すぐにテーブルが置かれた広場があり、左は避難小屋だ。島根県がつくったりっぱな小屋で、寝袋持参で宿泊する登山者もいる。トイレはこの裏にある。

大膳原から目の前に烏帽子山《えぼしやま》、御陵が近くに見え、多くの花を見ることができる。時間をとってゆっくりしたいところだ。

帰りは吾妻山、**大膳原・南ノ原の道標**まで引き返し、南ノ原方向に進む。大きなブナやミズナラの美しい林を歩くと**南ノ原**に到着する。あとは吾妻山～南ノ原コースと同じ道を歩いて**旧休暇村吾妻山ロッジ**に戻ろう。（廣田忠彦）

CHECK POINT

1

原池の横を歩き、吾妻山を示す道標に沿って登っていく

2

草原の中を進んだあとは広葉樹の森に入っていく

3

樹林帯で急登となる。土砂が流れて歩きにくいところは要注意

4

吾妻山山頂。前方に比婆山連山が続いている

5

大膳原・南ノ原分岐を左折して大膳原を目指す

6

草原状の大膳原から吾妻山のすばらしい山容を眺める

＊コース図は24～25㌻を参照。

06

比婆山・御陵への「古事記の路」をたどる展望の山

竜王山

りゅうおうざん 1256m

日帰り

歩行時間＝2時間55分
歩行距離＝5・0km

技術度 体力度

コース定数＝13

標高差＝576m

累積標高差 586m 586m

立烏帽子山と池ノ段

竜王山は比婆山《ひばやま》連峰の最南端にあって、県民の森の一角をなしており、その登路は、御陵《ごりょう》に続く「古事記の路」として登山者に親しまれている。

登山口は熊野《くまの》神社**大鳥居**から。かたわらに比婆山ルート案内図と熊野神社の由緒について説明板があるので、読んでから出発しよう。

鳥尾の滝（那智の滝）

大鳥居をくぐり、石段を登ると、シャガの群生と樹齢が1000年を超えるという大きな杉が林立している。その中の11本が昭和27年に広島県の天然記念物に指定されている。境内には「県内で2番目

■鉄道・バス

往路・復路＝バス便はあるが不便なので、JR芸備線備後落合駅からタクシーを利用する。所要約15分。

■マイカー

中国自動車道庄原ICから国道183号を西城方面へ。JR比婆山駅の1㌔先にある鳥居を左折し、県道254号を熊野神社へ約40分。

■登山適期

5月の新緑、10月末の紅葉が特によい。1〜3月は積雪があり。4月以降から11月がよいが、11月には積雪を見ることがあるので注意すること。5・6月には新緑とヤマツツジ、シャクヤク、ユキザサ、ネコノメソウ、コケイランなどが見られる。10月末から11月上旬にかけての紅葉もすばらしい。花は初夏から秋にかけてレンゲツツジ、ヤマツツジ、シャガ、カワラナデシコ、ヤマエンゴサク、ギボウシ、リンドウ、ウメバチソウ、マツムシソウ、ボクチアザミなど、数多くの花が見られる。

■アドバイス

▽熊野神社の駐車場にトイレがある。

▽熊の生息地域なので鳴り物を携帯していこう。

▽上尺田から車で竜王山近くまで行くことができる。

▽登山道にある説明板には「鳥尾の滝（那智の滝）とあり、伯耆の鳥上山（島根県横田の船通山）に対して、

山頂からの展望

に大きい杉」と記された石碑があるが、現在では1位だそうだ。その奥に**熊野神社**があり、日本列島を生んだというイザナミノミコトを祭神としている。

登山道は神社の左側を進む。牛《ぎゅう》馬荒《ばこう》神社、二宮《にのみや》神社、三宮《さんのみや》神社をすぎると、ホウノキ、ミズナラ、リョウブ、アカシデなどの広葉樹の林になり、まもなく落差30メートルの**鳥尾の滝**《ちょうのお》**（那智《なち》の滝）**に着く。左岸のジグザグの急な道を上がっていくと滝の上部に出る。沢を渡り、杉林の中を歩くと、再度沢を渡り、少しずつ谷を離れ、尾根に近づく。

尾根に出たところが熊野神社の天狗が相撲をとったという**天狗の相撲場**だ。この先は登山道が雨で流され、一部が掘れて歩き難い上に急登だが、短い距離だ。がまんして登っていこう。

やがて左にプレハブ小屋と水場のある**三差路**に着く。右側は管理道の広い道で、トイレ、キャンプ場を経由して駐車場広場に行く。「比婆山・御陵へ5・3キロ」の標識があるので、これに沿って石段の道を進む。右側にコンクリートの建物があり、ここをすぎると駐車場広場に出る。駐車場の端に「竜王山へ0・2キロ」の標識がある。ここを登ると、まもなく草原の**竜王山**山頂に着く。昔、牛を放牧していたため草原状となっており、360度の展望だ。前方に立烏帽子山《たてえぼしやま》、池《いけ》ノ段《だん》、その背後に比婆山・御陵、左に福田《ふくだ》頭《がしら》、大万木山《おおよろぎやま》、三瓶山《さんべさん》、北東に伯《ほう》耆大山《きだいせん》、東に道後山《どうごやま》、猫山《ねこやま》などを望むことができる。

山頂一帯の草原には初夏から秋にかけてレンゲツツジ、ヤマツツジ、マツムシソウ、ウメバチソウなど多くの花が楽しめる。

下山は往路を戻ろう。

（廣田忠彦）

比婆山を『鳥尾の峰』といい、鳥尾の峰に対して鳥尾の滝とよぶ」とある。別名「那智の滝」となっていて、一般には「那智の滝」の方が親しまれている。

■**問合せ先**
西城町観光協会☎0824・82・2727、道後タクシー☎08477・5・0073

■**2万5000分ノ1地形図**
比婆山

CHECK POINT

登山口の大鳥居。左に駐車場、右にイザナミ茶屋がある

イザナミノミコトが祭神の熊野神社。起源は奈良時代初期という

三差路。左の石段を歩く

竜王山駐車場の端に竜王山まで200メートルの道標がある

広い草原状の竜王山山頂。360度の展望が楽しめる

山頂から伯耆大山を眺望する

＊コース図は24〜25ページを参照。

07

滝と広葉樹の静かな森を楽しもう

福田頭

ふくだがしら
1253m

日帰り

歩行時間＝4時間45分
歩行距離＝11・5㎞

技術度
体力度

コース定数＝**21**

標高差＝741m

累積標高差 ↗846m ↘846m

比和総合運動公園から見上げる福田頭

福田頭は比婆山《ひばやま》連峰の南、庄原《しょうばら》市比和《ひわ》町と西城《さいじょう》町の境に位置している。地元の人からは「福田頭」とよばれているが、地形図には「毛無山《けなしやま》（福田頭）」と表記されている。「毛無山」と名のつく山は近くの比婆山連峰や高野《たかの》町新市《しんいち》にもあり、いずれも放牧場として利用されてきたようだ。この毛無山は、平成7年に登山道が整備され、手軽に深山と広葉樹の森を楽しむことができるようになったことから、人気の山となっている。

福田上《ふくだかみ》集会所が登山口となる。駐車場と福田頭の案内板があるので確認していこう。市道井西谷《いざいだに》線を進み、最後の民家を右に曲がり、畑を横切るようなかたちで進むと、林道に合流する。林道を左に曲り、25分くらい歩くと、**福田頭登山口**で、福田頭登山案内板がある。ここから登山道となる。

登山道に入り、しばらくすると桧林となり、やがて沢に出る。丸太橋を安全に渡るためにロープが設置されているので慎重に渡ろう。すぐに美しい流れの**一ノ滝**に到着する。ここから急登になり、続いて**二ノ滝**、**三ノ滝**と歩く。

三の滝をすぎると湿地帯があり、さらに進むと左に水飲み場に出合う。ここから大波《おおはの》峠は近い。**大波**

美しい一ノ滝

■**鉄道・バス**
往路・復路＝JR線、バスを利用しての日帰り登山は難しい。

■**マイカー**
中国自動車道庄原ICから国道432号を比和町へ。木屋原交差点を右折し、4・5㌔進むと宿泊研修施設かさべるでと比和総合運動公園がある。その200㍍先が登山口の福田上集会所だ。前の広場に駐車可能。松江自動車道を利用する場合は、高野ICから高野町新市へ国道432号を走る。比和支所をすぎて木屋原交差点を左折する。ここからは右記と同じルート。

■**登山適期**
積雪が多いので、5～11月がよい。新緑の5月、10月末の紅葉がすばらしい。5・6月には新緑とヤマツツジ、シャクヤク、ユキザサ、ネコノメソウ、コケイランなどが見られる。10月末から11月上旬にかけての紅葉もすばらしい。

■**アドバイス**
▽トイレは運動公園やかさべるでを利用させてもらおう。
▽熊の生息地域なので鳴り物を携帯していくこと。
▽車が複数台あれば下山口に配送しておけば歩行時間が短くてすむ。
▽毎年、4月に山開きがあるので、庄原市比和支所に問合せるとよい。
▽日帰り入浴として、かさべるでや、

峠は福田頭と井西山《いざいやま》の鞍部で、峠の木々の間から道後山《どうごやま》方面が見える。

峠からは左に歩く。標高1200㍍の福田頭の肩までは20分あまりの急登だ。ここをすぎるとなだらかな稜線となり、まもなく**福田頭**山頂に着く。山頂付近にはブナ、ウリハダカエデ、イタヤカエデ、ナナカマドなどがあり、紅葉時にはすばらしい。展望は比婆山連峰、猿政山《さるまさやま》、大万木山《おおよろぎやま》、道後山、伯耆《ほうき》大山《だいせん》などが見える。

下山は稜線を北に向かう。約15分で展望所に到着する。眼下に公共の宿「かさべるで」や福田の農村風景がきれいに見える。さらに北に進むと**兎舞台頭**《うさぎぶたいがしら》に着く。ここからは左側にブナ林が続く、急な尾根を下っていく。木々の間からは吾妻山《あづまやま》や大膳原《だいぜんばら》の山並みがきれいだ。

道がジグザグになったところでブナの巨木に出会う。この先から急な道を谷側に向かう。下りたところが**昇竜**《しょうりゅう》**ノ滝**だ。谷沿いに下ると**福田頭下山口**に出る。ここから舗装された林道を4㌔下れば**福田上集会所**に着く。

（廣田忠彦）

約2㌔先の比和温泉あけぼの荘が利用できる。

■問合せ先
庄原市役所比和支所☎0824・85・2111、公共の宿かさべるで☎0824・85・2230

■2万5000分ノ1地形図
比婆山

CHECK POINT

1

福田上集会所前の登山口

2

福田頭登山案内板。ここから登山道となる

3

大波峠到着

4

福田頭山頂

5

兎舞台頭。ここから急な下りになる

6

大ブナ

08 大万木山

大ブナとサンカヨウで人気の山

おおよろぎやま 1218m

日帰り

歩行時間＝2時間20分
歩行距離＝5・5km

技術度
体力度

コース定数＝**11**
標高差＝292m
累積標高差 ↗488m ↘488m

篠原から見た大万木山

　大万木山は広島県庄原《しょうばら》市高野《たかの》町篠原《しのはら》と島根県飯南《いいなん》町頓原《とんばら》との県境にそびえる山で、どっしりとした山容は遠くからでもはっきりとわかる。頂上付近は広い台形状になっているため、現在のように登山道が整備されていない時には、悪天候により、現在地がわからなくなり、遭難しかけた登山者もいる。頓原からの登山ルートがよく整備されているため、どちらかといえば島根県の山として紹介される機会が多いが、ここでは広島県側のコースを紹介しよう。

　高野町篠原から林道杉戸《すぎと》篠原線を走る。15分あまり走ると、県境の新生坊《しんしょうぼう》峠に着く。**毛無山の駐車場**に、10台程度停めることができる。すぐうしろにある新生坊展望台から等検鏡《とうけんきょう》方面の景色を楽しんでいこう。20㍍ほど下がったところにトイレもある。

　峠には「大万木山登山口まで60㍍」の案内板もあり、高野町側に60㍍ほど行くと登山口と地蔵尊の標識が立っている。ここから急登になる。天気が悪いとすべりやすいので、特に注意が必要だ。12分あまり歩くと、975㍍の4等三角点ピークに着く。ここから前方に大万木山が見える。

　このピークを下ると舗装路から来る道と合流する。峠から舗装路を歩き、ここから大万木山に登っ

すぐ近くの山頂大ブナ（タコブナ）

■**鉄道・バス**
往路・復路＝公共交通機関を利用しての日帰りは難しい。

■**マイカー**
松江自動車道高野ICで降り、県道39号を新市方面に走る。新市から国道432号に入り、王貫峠方面に行く。峠手前の王貫市場の百姓庵を左折して林道杉戸・篠原線に入る。国道から10分あまりで県境の峠の登山口に着く。

■**登山の適期**
積雪期以外は登れる。4月末から5月にかけてチゴユリ、ユキザサ、イカリソウ、スミレ、ツクバネソウなど。5月はサンカヨウ、ガマズミ、新緑、初夏にはマイヅルソウ、10月末から11月上旬にかけては紅葉がすばらしい。

■**アドバイス**
▽熊対策として鈴などの鳴り物を用意しよう。
▽下山後は高野町新市のたかの温泉神之瀬の湯で汗を流すことができる。
▽サンカヨウの花撮影の際に群落の中に入ることは厳禁。

■**問合せ先**
庄原市役所高野支所☎0824・86・2111

■**2万5000分ノ1地形図**
出雲吉田・阿井町

てもよい。これから先、小さなピークが続くが、4つ目のピークを越えたあたりから大きなブナも見られるようになり、足もとにはチゴユリ、ツクバネソウ、ユキザサ、スミレ、エンレイソウ、イカリソウなどの花も見られ、快適に歩くことができる。

山腹を巻くように歩くと、**門坂《もんさか》峠地蔵尊**に到着する。頓原側の滝見コースがここで合流する。ベンチもあるので、ひと息入れるとよい。天気がよければ宍道湖《しんじ》方面も見られる。

地蔵尊から15分あまり登ると平坦になり、ブナの大木が多く見られ、気分も軽快となる。ここをすぎると再び急な登りとなる。途中**水飲み場**がある。このあたりからサンカヨウが見られる。

さらに登って頂上避難小屋手前右側は一面サンカヨウで、満開時は多くの登山者でにぎわう。避難小屋周辺もサンカヨウは多い。その避難小屋から**大万木山**頂上はすぐだ。展望はきかないが、広くてテーブルもある。山頂の北西側には「山頂大ブナ」がある。このブナは、タコの足のように枝がたくさん出ていることから、別名「タコブナ」ともいわれている。天気がよければすぐ近くの展望台に行けば、すばらしい景色を見ることができる。

下山は往路を引き返そう。

（廣田忠彦）

CHECK POINT

1 毛無山駐車場。東側に展望台、西側にトイレがある

2 気もちのよい尾根歩き

3 等検境からの道や頓原側の滝見コースが合流する地蔵尊

4 水飲み場。5月にはこのあたりからサンカヨウが見られる

5 避難小屋。左にはトイレもあり、サンカヨウが多い

6 広い大万木山山頂。一角にはテーブルもある

09

「日本ピラミッド」として知られる秀麗な三角形の山

葦嶽山

あしだけやま
815m

日帰り

歩行時間＝1時間50分
歩行距離＝3・4㎞

技術度
体力度

コース定数＝9
標高差＝341m
累積標高差 ↗439m ↘256m

葦嶽山山頂から比婆山連峰を望む

「日本ピラミッド」として喧伝される葦嶽山は、どの方向から見ても三角形となっている。神武天皇が東征の時に立ち寄ったという伝説があり、「神武天皇陵」ともいわれてきた。昭和9年にピラミッドの研究家が訪れて巨石群や山を調査した結果、葦嶽山は世界最古のピラミッドの本殿で、北側の鬼《き》叫《きょう》山《ざん》は拝殿であると発表したことで、超古代史ファンのロマンをかき立てる山として知られている。

この葦嶽山へ登るコースは、野《の》谷《たに》コースと灰原《はいばら》コースの2つのコースがあり、入口の看板には、「野谷コースは本格派登山コース、灰原コースはハイキングコース」と記されている。ともにマイカーが主体となる。

野谷から葦嶽山を望む

野谷コースから登り、灰原コースへ下るコースを紹介しよう。県道422号から「日本ピラミッド野谷コース」の看板にしたがって左折すると、約700㍍で登山口の駐車場に着く。広場の東側にある案内板のところが**野谷登山口**だ。

緩やかな樹林帯の登山道は足もしっかりしていて歩きやすい。2つ目の小さな谷を渡ると斜面が急になってくるが、ひと汗かくと**鞍部**に到着する。ここにはあずまやがあり、鬼叫山と葦嶽山を振り分けるように建っている。

まず、巨石群の鬼叫山に登って

■鉄道・バス
往路・復路＝庄原市地域生活バスは休日は全便運休。平日も火・木・金曜に1日1～2便あるのみ。

■マイカー
中国自動車道庄原ICから国道432号を右折、その先、信号機のある交差点を左折して県道23号へ。「日本ピラミッド」の看板にしたがって県道422号へ右折。約1㌔走り、「野谷ルート」の看板を見て左折。約70 0㍍で登山口駐車場に着く。約10台駐車できる。トイレあり。下山口の灰原登山口から出発点の野谷登山口へは、徒歩約1時間。両登山口に車を置くことができれば、回収の時間が短縮できる。

■登山適期
4～11月。冬期は積雪があり、登山者はほとんどいない。

■アドバイス
▽登山口からあずまやの間に、1箇所、雨天時にすべりやすいところがある。
▽巨石群の鬼叫山は山頂に設置されている看板を厳守すること。以前この場所で中高年者の団体による遭難事故が発生している。
▽灰原ルートの登山口は林道終点で、3台駐車可能。

■問合せ先
庄原市役所商工観光課☎0824・73・1179、大江商店（情報案内

みよう。左の稜線を進むと、目前にそれぞれ由来のある巨石が現れる。ドルメン、獅子岩、方位石、鏡石など、ロマンに満ちた太古の世界を感じながら登っていけば、10分ほどで**鬼叫山**山頂に立つ。

鞍部に戻り、あずまやから鬼叫山と反対の稜線をたどると10分弱で**葦嶽山**山頂に到着する。山頂からの展望は南西方面が開け、比婆《ひば》山《やま》連峰が望める。

下山路の灰原コースは、広い遊歩道の木段を下る。途中、遊歩道が二分するが、どの道をとっても灰原登山口へ向かっている。駐車場の標識にしたがって左の道を行こう。階段が多いものの、野谷ルートと比べるとよく整備されている。やがて現在は使用されていない駐車場広場に着き、そのまま進むと**灰原登山口**だ。（井ノ口孝臣）

所）☎0824・78・2508
■2万5000分ノ1地形図
庄原・帝釈峡

右／鬼叫山巨石群のひとつ、ドルメン（供物台）
左／鬼叫山の方位石

CHECK POINT

1 県道422号の分岐点。「日本ピラミッド野谷コース」の看板がある。駐車場までマイクロバスも通行可

2 葦嶽山登山口駐車場。トイレも設置されていて、マイカーは約10台駐車できる

3 鞍部のあずまや。樹林の中に建っているので展望はない。まず北側の鬼叫山を往復しよう

4 鬼叫山山頂。樹林に囲まれ展望はない。北側のクマザサの中に踏跡があるが、登山道ではないので進入不可

5 鞍部に戻ったら南に進み、葦嶽山頂に立つ。南西方向に展望が開けていて、比婆山連峰を望むことができる

6 灰原ルート登山口。右側の林道終点に約3台駐車可能。左の登山道奥は駐車場となっているが、進入禁止

茂谷集落より眺める大狩山

10

古代と中世のロマンを求めて尼子藩ゆかりの山へ

大狩山

おおかりやま
591m

日帰り

歩行時間＝2時間20分
歩行距離＝4・0㎞

技術度
体力度

コース定数＝9
標高差＝232m
累積標高差 315m 315m

大狩山は、安芸高田《あきたかた》市北方の里山で、平安時代の女流歌人・和泉式部が歌を詠んだとされる尼子《あまご》道《みち》、そのゆかりのある峠など、往古をしのぶ古道がある。また、古代製鉄遺跡の大鍛冶屋跡も見られるなど、夢とロマンに満ちた山塊である。これまで一般にあまり知られてなかった大狩山だが、近年、地元有志のボランティアによって登山道が整備され、多くの登山者が訪れている。

麓の**砂防ダム公園**の駐車場が登山口となる。そびえたつような堰堤の下から左の舗装道路を進み、シカ侵入防止柵の中に入ってダムの右岸沿いを行く。少し先で川を渡り、対岸の林道を左折すると、右手に下山口となる炭焼窯跡を見て直進する。

小さな橋を渡り、杉林の中に入ると林道は二分するが、左の道に入ると、約200㍍先で**林道は終わり**、山道になる。薄暗い杉林や桧林の中を左に巻いていき、谷沿いの道を登る。やがてロープのある急登となると、5分ほどで緩やかな**主稜線**に出て、右に巻いて登ると**大狩山**山頂に到着する。周囲のササが刈られて広場になってい

砂防ダム公園にある茶店

■**鉄道、バス**
往路・復路＝広島バスセンターから庄原方面行き備北バスで中国自動車道高宮バス停下車。タクシーに乗り継ぎ、砂防ダム公園まで約10㌔。

■**マイカー**
中国自動車道高田ICから県道64号を左折。その先、高北広域農道を右折して来女木交差点で県道179号を左折。約100㍍先の茂谷口で左折して約2㌔で大狩山砂防ダム公園の駐車場に着く。50台駐車可能。

■**登山適期**
4月から11月まで山歩きが楽しめる。冬期は積雪が多い。

■**アドバイス**
▽砂防ダム公園の堰堤には、シカやイノシシの侵入防止の柵が設けられている。出入りの時は必ず扉を閉めること。
▽尼子道先の三差路には登山道を示す小さな標識があるので、見落とさないように注意する。
▽近くに日帰り入浴ができるたかみや湯の森がある。

■**問合せ先**
安芸高田市農林水産課☎0826・47・4022、高宮中央交通（タクシー）☎0826・57・0064、広島バスセンター案内所☎082・225・3133

■**2万5000分ノ1地形図**
安芸横田

CHECK POINT

砂防ダム公園から林道を歩くと、途中、道が二分する。左に入ると林道終点だ

▼

急登が終わると主稜線に出て、右に曲がると大狩山山頂へ

▼

大狩山山頂広場から南西方向に展望が開けている

▼

約1キロ続く尼子道は、平安時代の女流歌人、和泉式部が歌を詠んだ道とされる

▼

展望地は北側が開け、犬伏山や三瓶山が望める

大狩山山頂より白木山遠望

る。2等三角点の山頂からは南西方向が開け、白木山《しらきやま》、鷹《たか》ノ巣山《すやま》などが見える。

下山は、稜線を西に進み、少し下って登り返し、ピークから右に曲がる。土塁状の平坦な道になると**尼子道**で、約1キロ続く快適な道だ。この先に三差路があり、右折する。周囲が開けると**展望地**で、北側が開け、三瓶山《さんべさん》が望める。

緩やかな道がやがて急坂になり、設置されたロープが目に入ると、下山口は近い。左の炭焼窯跡は雑草に覆われているので、注意して見なければ見すごしてしまうだろう。林道に下りたら往路を出発点の**砂防ダム公園**へ。（井ノ口孝臣）

11 阿佐山

1等三角点の県境分水嶺で名高い芸北の名峰

あさやま
1218m（1等三角点）

日帰り

歩行時間＝5時間
歩行距離＝11・1km

技術度
体力度

コース定数 ＝20
標高差 ＝443m
累積標高差 ↗ 749m ↘ 749m

阿佐山は広島県北部、島根県との県境に位置し、西中国山地国定公園の東端にあたる。南峰と北峰の双耳峰であり、地元では南峰を「東ドウゲン」、北峰を「西ドウゲン」とよんでいる。北峰は瑞穂《みずほ》スキー場として開発されているため展望がよいが、南峰は1等三角点があるものの、眺望はよくない。

大塚林道からの阿佐山（右）と西ドウゲン（左）（写真＝野間 弘）

登山口はいくつかあり、林道細見《ほそみ》大塚《おおつか》線の毛無山《けなしやま》登山口から、横吹《よこふき》峠、二十丁峠、阿佐山へ登ったあと、二十丁峠まで引き返して深山《みやま》に下りるルートを紹介しよう。

大暮《おおぐれ》川に沿って走る。大暮毛無山登山口をすぎ、さらに進むと道は狭くなり、最奥部の深山地区に着く。大きく左に曲がり、高架になっている林道細見大塚線に入る。舗装路で、登山口まで何箇所か道が広くなっているところがあるので、適宜駐車できる。**林道入口**に近いところに車を置き、25分ほど歩くと**毛無山登山口からの道と合流**する。右に下りると姥御前神社がある。左のカタジ谷に向けて広葉樹林帯の中を歩くとやがて**カタジ谷出合**だ。左の小さな沢を渡り、横吹峠に向かう。

横吹峠で右折すれば大暮毛無山《おおぐれけなしやま》方面へ、目指す阿佐山へは左に向かう。二十丁峠までは平坦な道が続き、気持ちよく歩くことができる。**二十丁峠**は峠らしくない峠で、案内板がないと見すごして

阿佐山山頂（南峰）近くの防災無線塔施設

■**鉄道・バス**
往路・復路＝公共交通機関の利用は難しい。

■**マイカー**
中国自動車道戸河内ICで降りて右折、国道186号を走り、加計に出る。温井ダム、王泊ダムをすぎ、県道40号に入る。毛無山登山口をすぎ、さらに奥に進み、天狗石山に続く林道をまっすぐ行くと阿佐山橋、左に大きく回ると細見大塚線の林道に出る。車が複数台あれば、林道と阿佐山橋付近に置くと歩く時間を短縮できる。

■**登山適期**
1～3月は積雪があるため、4月中旬以降から11月がよい。春の新緑と、カタジ谷出合から横吹峠にいたるまでのショウジョウバカマの群落、秋の紅葉がすばらしい。

■**アドバイス**
▽このコースは時々下刈りをされるが、時期によってはササが繁って歩きにくいこともあるので、北広島町役場芸北支所で情報を聞くとよい。
▽阿佐山橋から二十丁峠に出て往復してもよいが、時間に余裕があれば、大暮毛無山から阿佐山への縦走がおすすめ。
▽トイレは近くにはない。
▽熊の生息地域なので、笛などの鳴り物を携行すること。
▽入浴施設として芸北オークガーデ

しまうかもしれない。
　しだいに高度が上がり、1116メートル標高点をすぎると激しい急坂となり、足場が悪いところもあるので、慎重に歩こう。紅葉の時期には美しいところだ。

　20分も登れば**阿佐山**山頂の**東ドウゲン（南峰）**だ。山頂の右寄りに1等三角点がある。展望は東側が少し見える程度。展望を楽しみたいのならば西ドウゲン（北峰）に行くとよい。防災無線塔の前を通り、北に向かって歩く。急な下りがあり、登り返すと**西ドウゲン**に着く。北側がスキー場となっており、展望台も設置されている。
　下山は**二十丁峠**まで引き返し、往路と分かれて右に進む。はじめは緩い下りだが、谷に近づくと少し急になり、ササで道がわかりにくいところもある。慎重に歩こう。このあたりも秋は紅葉が美しい。
　小屋谷に沿って下っていくと堰堤に出る。2つの堰堤を越え、流れを横切るが、水量が多い時は要注意だ。丸木橋を渡っていくと、まもなく阿佐山登山口の道標に出る。**阿佐山橋**を渡り、尾関《おぜき》神社の前をすぎ、まっすぐ進むと車を置いた**林道**に出る。
（廣田忠彦）

ンがある。
■問合せ先
北広島町観光協会芸北支部☎080・6339・2136
■2万5000分ノ1地形図
岩見坂本・大朝

CHECK POINT

1 林道傍の大暮毛無山と阿佐山登山口

2 カタジ谷出合。左の小沢を渡り、横吹峠へ

3 阿佐山方向と大暮毛無山方向を分ける横吹峠。左へ向かう

4 二十丁峠を直進して阿佐山へ。下山時は小屋谷へ下る

5 阿佐山・東ドウゲン山頂の1等三角点

6 小屋谷の流れを渡る。増水時には要注意

12

気持ちがやすらぐ静かなブナの林を行く

大暮毛無山

おおぐれけなしやま
1083m

日帰り

歩行時間＝3時間20分
歩行距離＝6・9㎞

技術度

体力度

コース定数＝**13**	
標高差＝393m	
累積標高差	↗462m ↘462m

大暮から見た大暮毛無山

「毛無山」という同名の山は、比《ひ》婆山《ばやま》連峰、猿政山《さるまさやま》、大万木山《おおよろぎやま》近くにもある。こうしたことからここでは「大暮毛無山」とよぶことにしよう。「毛無山」というと、樹木がなく、草原状の山を想像するが、大暮毛無山の頂上付近は大きなブナの森となっている。阿佐山《あさやま》の南西側に位置し、毛無山から阿佐山まで縦走することもできる。

大暮集落をすぎて大暮川沿いの車道を深山《みやま》地区に行く途中、右側に**毛無山登山口**の標識がある。細い舗装された坂道を上がると農家やその納屋の間を抜け、案内板にしたがって左に曲がる。松、杉、広葉樹の混合林の歩きやすい道が山腹を巻くように続いている。

姥御前神社

約20分あまりで**姥御前《うばごぜん》神社**に着く。昔、都落ちした武士とその女房がここで行き倒れたことから、その女房＝姥御前の霊を祀ったという伝承が残されているそうだ。ちなみに、大暮川をはさんだ北西側の天狗石山と高杉山の鞍部には「乳母御前神社」あり、こちらは安徳天皇と二位の尼が祀られているとか。近くに表記は異なるものの、同名の神社があるのは珍しい。

姥御前神社をすぎると広葉樹林帯となり、まもなく**林道細見大塚《ほそみおおつか》線に出合う**。登山道は林道を隔ててすぐ上にある。広葉樹林帯の美しい森だが、足もとに岩が多くなるので要注意。約20分で**カタジ谷出合**に着く。ミズナラやブナの大木も見られ、休憩していこう。道はここで2つに分かれる。ひとつは直接毛無山近くに登るコースで、もうひとつは谷を渡り、横《よこ》吹《ふき》峠に出て尾根を登るコースだ。

■鉄道・バス
往路・復路＝公共交通機関の利用は難しい。

■マイカー
国道186号あるいは433号を走り、県道40号に入る。大暮養魚場の方に行かず、深山の方にまっすぐ進むと、すぐに毛無山登山口に着く。右が毛無山の登山道で左側の路肩に数台車を置ける。

■登山適期
1～3月は積雪があるため、4月から11月がよい。4月であれば多少残雪も見られるが、木々の葉が落ちているので天狗石山方面の展望がよい。5月、6月は新緑、10月、11月は紅葉がすばらしい。

■アドバイス
▽カタジ谷出合から直接登るコースは、時期によってはやぶ状になることもある。その場合は横吹峠から往復するとよい。
▽日帰り入浴施設として、近くに芸北オークガーデンがある。

■問合せ先
北広島町観光協会芸北支部☎0800・6339・2136

■2万5000分ノ1地形図
岩見坂本

ここでは直接毛無山に登り、横吹峠に下りるコースを紹介しよう。カタジ谷出合を右に行く。急登がしばらく続くが、尾根ルートの北側に沿って歩くように進む。尾根ルートと**合流**すると5分もかからないで**大暮毛無山**山頂に着く。展望はよくないが、ブナの大木の美しさがそれを充分補ってくれる。

下山は尾根ルートとの**合流点**まで引き返し、杉林と広葉樹の緩やかな尾根を下っていく。鞍部が**横吹峠**である。まっすぐ進むと阿佐山だが、順路は左に折れる。少し歩くと左に湿地帯があり、このあたりからショウジョウバカマの群落が見られる。

杉林を抜けると**カタジ谷出合**に帰ってくる。あとは往路を引き返し、**姥御前神社**を経て**登山口**へ戻る。

（廣田忠彦）

CHECK POINT

1 大暮川沿いの深山地区に向かう途中にある毛無山登山口

2 民家の間を抜けて、標識に沿って左に入り、山腹を横切っていく

3 林道細見大塚線。登山道はすぐ上にある

4 カタジ谷出合。左に行くと横吹峠へ、右が直接山頂へ登るルートだ

5 美しいブナ林に囲まれた大暮毛無山の頂上

6 横吹峠。右は阿佐山に続く道で、毛無山登山口へは左へ

13

天狗石山・高杉山

ササユリの草原から静寂なミズナラの森へ

てんぐいしやま 1192m
たかすぎやま 1149m

日帰り

歩行時間＝3時間55分
歩行距離＝8.5km

技術度

体力度

コース定数＝**17**

標高差＝394m

累積標高差 ↗685m ↘685m

↑高杉山北側からの天狗石山

←才乙の集落から見た高杉山

天狗石山と高杉山は西中国山地に属する山で、広島県北部の北広《きたひろ》島《しま》町才乙《さいおと》と島根県浜田《はまだ》市の県境にある。天狗石山の山名の由来は、山頂の東側にある巨岩から名づけられたようだ。また、高杉山はサイオトスキー場としても知られている。

来尾《きたお》峠の登山口から県境尾根に取り付き、深い樹林帯に入ると、すぐに見上げるほどの急登になる。この山いちばんの急坂だ。雨後はすべりやすいので注意しよう。15分ほど汗をかくと空が開け、道も緩やかになってくる。右に曲がると低木帯になり、ササが現れるとあたりの展望が広がる。

チマキザサが一面に広がり、小岩のある展望地に出る。すばらしい展望だ。ひと息入れて展望を楽しもう。眼下に才乙の集落や一兵《いちべえ》山《さん》家山《かやま》、中野《なかの》冠山《かんむりやま》、雲月山《うんげつざん》、目前に高杉山が一望できる。

季節によって咲くササユリやレンゲツツジを楽しみながら草原を進むと、**分岐**がある。右に行けば

■鉄道・バス
往路・復路＝公共交通機関の利用は難しい。

■マイカー
中国自動車道戸河内ICから国道191号をサイオトスキー場方面へ向かう。松原の交差点で県道11号に直進し、その先、国道186号を右折して、再び県道11号を才乙方面に左折するとスキー場のある才乙に着く。ここまで約36㌔。最奥の人家をすぎると道幅が狭くなり、約1㌔で島根県境の来尾峠で、ここに登山口がある。空地に数台駐車できる。

■登山適期
新緑の5月か紅葉の11月が最もよい。6月から7月にかけてオオヤマレンゲやササユリが咲く。

■アドバイス
▽スキー場の駐車場と来尾峠に車を置けば時間が短縮できる。
▽この山域にはマムシが多い。クマも生息しているので、鈴などを用意しよう。
▽国道186号を加計方面へ20分のところに芸北オークガーデンがあり、登山の汗を流せる。

■問合せ先
北広島町観光協会芸北支部☎0800・6339・2136、芸北オークガーデン☎0826・35・1230

■2万5000分ノ1地形図
石見坂本

高杉山だ。天狗石山へは直進し、樹林帯に入る。うっそうとしたブナやミズナラの林を登っていくと左に巨岩がある。ここから登りになり、左に曲がると**天狗石山**山頂に着く。展望台からは、北に大江《おおえ》高山《たかやま》、三瓶山《さんべさん》、西に大佐山《おおさやま》などの展望が広がる。

展望を楽しんだら高杉山へ向かおう。往路を**分岐**まで戻り、急坂を10分ほど下ると**ホン峠**に着く。スキー場への道を右に見て、杉林の中の平坦な道を直進する。やがて周囲がミズナラやブナの林になると急登になり、右に曲がって登っていくと傾斜が緩くなる。進むにつれてあたりが開け、**高杉山**山頂に着く。ゲレンデのリフト終点から見る展望は、眼下に広いゲレンデ、その先に才乙の集落、一兵山家山から中野冠山に連なる稜線や、芸北《げいほく》の山々が見られる。

下山は**ホン峠**まで戻って左折する。乳母御前神社を右に見て下ると、やがて林道に出てスキー場に着く。**駐車場**から県道11号に下って右折すると出発点の**来尾峠**に戻り着く。

（井ノ口孝臣）

CHECK POINT

島根県境の来尾峠が天狗石山の登山口で、手前の空地に数台駐車スペースがある

高杉山分岐から望む高杉山、分岐からホン峠まで急坂ですべりやすい

天狗石山山頂からの展望は、北に大江高山、三瓶山、西に大佐山、臥龍山、深入山が一望できる

サイオトスキー場と高杉山への道が分かれるホン峠。直進して高杉山に向かう

高杉山山頂からは、目前に一兵山家山から中野冠山の稜線が広がる

安徳天皇を抱いた乳母御前の立像が安置されている乳母御前神社

14 中野冠山

360度の展望が広がる山頂は西中国山地の大展望台

なかのかんむりやま
1003m

日帰り

歩行時間＝2時間20分
歩行距離＝4・3km

技術度 ■□□□□
体力度 ■□□□□

コース定数＝9
標高差＝318m
累積標高差 ↗341m ↘341m

←中野冠山

←高杉山、天狗石山が目の前に見える

　中野冠山は島根県との県境の地、才乙《さいおと》地区にあり、県境の東側は一兵山《いちべえさん》家山《かやま》、天狗石山《てんぐいしやま》、西側は雲月山《うんげつざん》へと続いている。頂上は360度の展望で、芸北《げいほく》地方の山並みや西中国山地はもちろん、県北の大万木山《おおよろぎやま》まで見ることもできる。

　「冠山」の名がつく山は、広島県にはいくつもある。吉和《よしわ》冠山や可《か》部《べ》冠山などは、いずれも頂上に大きな岩塊があって、その山容から「冠山」の名がついていることに納得できる。しかし、この山にはそういったものがない。どうして「冠山」とついたのか興味あるところだ。ちなみに、麓には「冠」姓の家もあるようだ。

　登山口は**大歳神社**《おおとし》からだ。神社前の駐車場が利用でき、トイレもある。舗装された道をサイオトスキー場に向かって歩くと、まもなく左側に中野冠山登山口の標識に出合う。ただし、ここは下山口なので、そのまままっすぐ500m《メートル》ほど進み、左の山側に**分岐**する狭い車道に入る。

　工場をすぎるとすぐに左手に小さな神社がある。その先で舗装路が終わり、古い林道となる。はじめは足もとが悪いが、標高が上がるにつれてよくなってくる。この

■鉄道・バス
往路・復路＝利用できる公共交通機関はない。

■マイカー
中国自動車道戸河内ICから国道191号を走り、松原から主要地方道11号に入り、国道186号に出たところを右に約500m《メートル》走ると、左側にサイオトスキー場の案内板があるのでこれにしたがって進む。あるいは加計から国道186号を走り、サイオトスキー場の案内板にしたがって進む。

■登山適期
1～3月は積雪があるため、4月から11月がよいが、11月には雪が降る年もある。4月から5月にかけてはチゴユリやツツジ類の花が見られる。

■アドバイス
▽マイカーの場合、大歳神社の駐車場を利用させてもらうとよい。
▽近くの芸北オークガーデンで日帰り入浴ができる。

■問合せ先
北広島町観光協会芸北支部☎080・6339・2136

■2万5000分ノ1地形図
岩見坂本

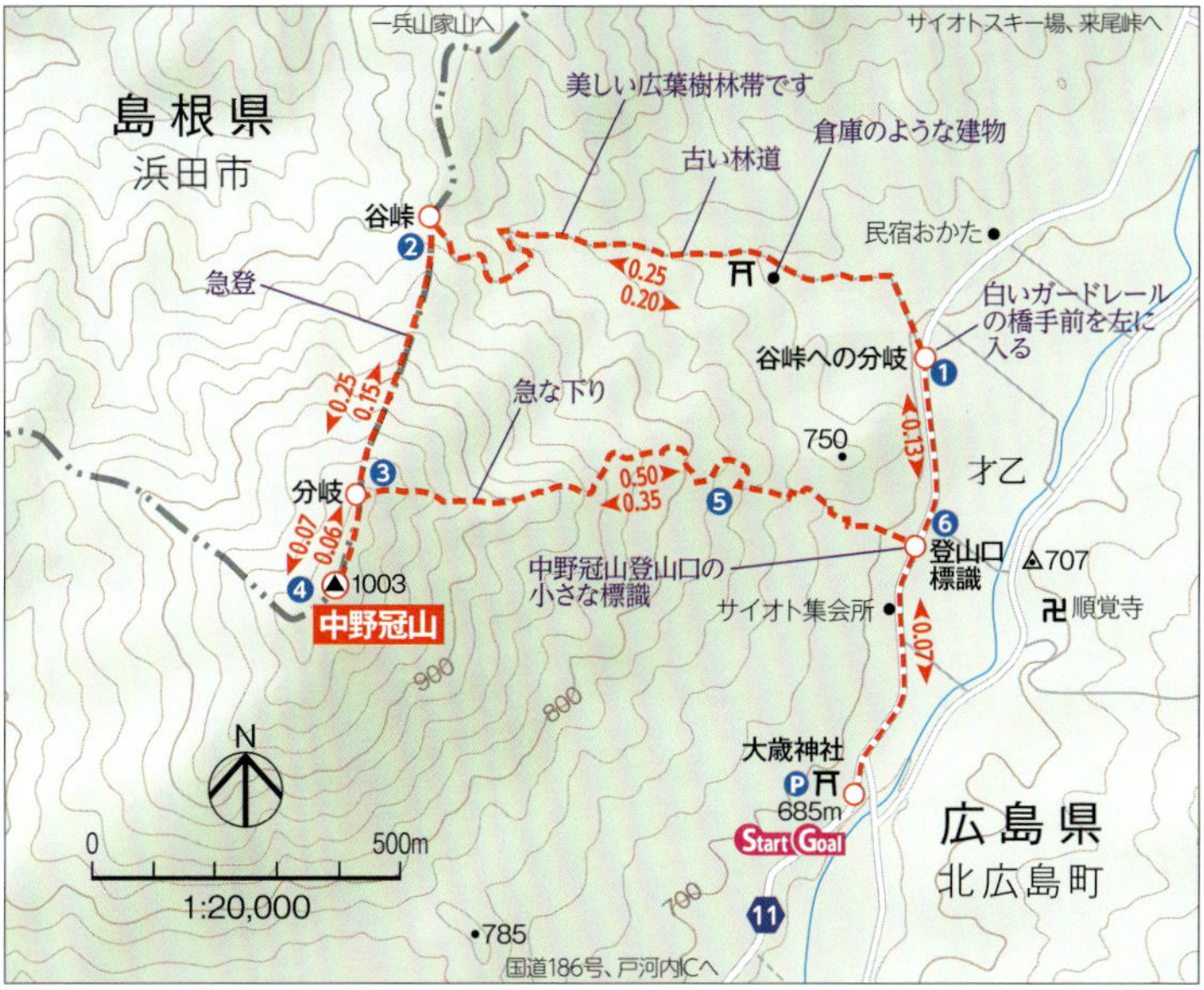

あたりは美しい広葉樹林帯なので、ゆっくり森林浴を楽しもう。

林道終点が**谷《たに》峠**。右は一兵山家山への縦走路。中野冠山へは左に向かう。急登になるが、25分ほどなのでがんばろう。登りきったところが下山道の**分岐**だ。

ここから頂上までは近い。**中野冠山**山頂に着くと絶景に目を奪われる。目の前に才乙のスキー場や高杉山《たかすぎやま》、天狗石山《てんぐいしやま》が大きく見える。その左に大万木山《おおよろぎやま》、さらに左に三瓶山《さんべさん》も見える。北西側は少し木々が繁っているが、雲月山《うんげつざん》、西側に大佐山《おおさやま》、その左に掛頭山《かけずやま》、臥龍山《がりゅうざん》、ずっとうしろには恐羅漢山《おそらかんざん》も見える。

下山は谷峠からのルートの**合流点**まで引き返す。ここからは急な下りとなるので注意して歩こう。少し傾斜が緩くなるあたりから、4月から5月にかけてチゴユリの群落が見られる。平坦な道から谷に沿って歩くようになると、登山口は近い。中野冠山への標識に出ると往路に出合い、**大歳神社**はすぐだ。

（廣田忠彦）

CHECK POINT

1

道の両側に白いガードレールのある小さな橋の手前を左に入る

2

谷峠に登り着いたら左に曲がる。すぐに急坂を登るようになる

3

下山道との合流点。右に冠山山頂方向に登っていく

4

冠山山頂から掛頭山、恐羅漢方面を展望する

5

下山道の左右に４月から５月にかけてチゴユリの群落が見られる

6

中野冠山への標識まで下りたら往路に出合って、大歳神社へは右に行く

15

牧歌的草原と展望が自慢の山

雲月山

うんげつざん
911m

日帰り

歩行時間＝1時間45分
歩行距離＝3・5km

技術度
体力度

コース定数＝7
標高差＝116m
累積標高差 253m 253m

これから行く雲月山が見える

雲月山は県の北西、北広島町《きたひろしま》と島根県浜田市《はまだ》の県境に位置し、西中国山地国定公園の中にある。山の名前は「うづきやま」「うづづきやま」などと、地域によって呼称が違っているが、町役場では「うんげつざん」とよんでいるということなので、本書もこれにならうことにした。

山頂から中野冠山、天狗石山方面の展望

一帯は牧草地で、かつては放牧もされていたという。現在では草原の景観と生物を守るために、地域住民や一般参加者により、毎年4月に山焼きが行われている。また、この草原は野生生物保護区に指定されており、希少生物群としてフシグロセンノウ、ササユリ、モリアザミ、ウメバチソウ、ワレモコウ、ヒゴスミレ、アカモノ、レンゲツツジ、リンドウ、マツムシソウ、オヤマボクチ、ホソバシュロソウなどが見られ、登山口にその案内板が設置されている。ホトトギスやカッコウなどの野鳥も生息し、多くの昆虫類を見ることができる。タタラ製鉄のために利用された鉄穴《かんな》流し跡の横溝跡も残っていて、さまざまな楽しみ方ができる。

雲月山の麓にある**展望台下の駐**

マツムシソウ

ツリガネニンジン

■**鉄道・バス**
往路・復路＝公共交通機関の整備が充分でないため、利用は難しい。

■**マイカー**
戸河内ICから国道191号を進み、松原からユートピアサイオトスキー場を目指す。才乙分かれを直進すると土橋に出て、雲月峠方向に向かい、展望台下の駐車場へ。大型バスも入れる大きな駐車場が整っている。

■**登山適期**
4月後半の山焼きが終わり、若草が生える5月以降がよい。5月にはワラビ採りが楽しめ、春から秋にかけては山野草がすばらしい。秋のススキの白穂が風にそよぐ時も見どころだ。

■**アドバイス**
▽トイレは展望下駐車場と雲月峠下にある。
▽展望台横の道から高山と岩倉山の鞍部に出るコースを歩けば約40分で雲月山頂上に着く。
▽芸北支所の観光案内所で山野草などのルート・ガイドを依頼することができる（有料）。

車場を起点にして一周する優しいハイキングコースを歩いてみよう。駐車場横の車道を雲月峠に向けて15分ほど歩いたところが**登山口**だ。尾根に沿って登ると、わずかの時間で**岩倉山**《いわくらやま》に立つ。展望がすばらしく、これから歩く高山《たかやま》、雲月山がきれいで、ススキとササの間には山野草も見られる。

展望を楽しみながら急な坂を下ると鞍部になる。ここを左に行くと近道で、車を置いた駐車場に出る。この道は山野草が多く見られるので、別な機会に歩くといいだろう。

鞍部からは尾根に沿って進む道と、山腹を歩く巻道があるが、短い距離なので尾根に沿って歩いていくと**高山**に着く。岩倉山や雲月山に囲まれた緑が牧歌的な風景を見せてくれる。

ここで巻道からの道と合流し、緩やかに登っていくと**雲月山**山頂に着く。眼下には出発点の駐車場、たどってきた道が見え、天狗《てんぐ》石山《いしやま》、高杉山《たかすぎやま》、中野《なかの》冠山《かんむりやま》、恐羅《おそら》漢山《かんざん》、臥竜山《がりゅうざん》、三瓶山《さんべさん》、伯耆大《ほうきだい》山《せん》、日本海などの展望を心ゆくまで楽しんでいこう。

下山は稜線を進み、途中から稜線を離れて巻くように下るとジグザグの道となり、鞍部の**仲**《なか》**ノ谷**《たに》に着く。ここから急な登りとなるが、すぐに出発地点の**駐車場**に戻り着く。

（廣田忠彦）

▽入浴は近くに芸北オークガーデンがある。

■問合せ先
北広島町観光協会芸北支部☎080・6339・2136

■2万5000分ノ1地形図
波佐

CHECK POINT

登山口の展望台下駐車場。前方に展望台と岩倉山が見える

雲月峠登山口。ここにも駐車場とトイレがある

高山から岩倉山を見る。山腹の道は展望台下の駐車場へ

雲月山山頂

これから下山するルートが見える

下山途中に高山方面が見える

16

深入山

360度が展望できる優しい山容の草原の山

日帰り

しんにゅうざん
1153m

歩行時間＝1時間55分
歩行距離＝4・1km

技術度

体力度

コース定数＝**9**

標高差＝336m

累積標高差 ↗381m ↘381m

深入山は、西中国山地に属し、国の特別名勝で知られる三段峡《さんだんきょう》の奥にあるドーム型をした美しい草原の独立峰だ。毎年、春先に行われる山焼き、春から秋にかけて、キキョウやリンドウなど、多くの花が咲き、花の山として、また、家族向きの山として人気が高い。

登るコースはいくつかあるが、最も傾斜の緩やかな南登山口から林間コースに入り、深入山を経て、草尾根から南登山口に戻る周回コースを紹介しよう。深入山を正面に仰ぎみる深入山グリーンシャワー管理棟前の駐車場を抜け、グランドゴルフ場に**南登山口**の道標がある。

道標にしたがってグランドゴルフのコース沿いを左へ進む。このあたりは明るく開け、気持ちのよいところだ。出発して約5分もすると樹林帯に入り、西登山口への道標を左に見て、分岐を右に曲がるとコナラの林に入る。

コナラ林を抜けると、正面に休憩小屋が、右前方に草尾根コースから続く深入山山頂が見える。休憩小屋の上の分岐で、**西登山口のコースが合流**し、再び木立ちの中に入る。「ヤマツツジ群生探勝路」の標識

秋の深入山(南登山口より)

深入山山頂より聖湖を望む

■鉄道・バス
往路・復路＝広島新幹線口発益田行きの石見交通バスに乗り、いこいの村入口バス停で下車、登山口まで徒歩20分。

■マイカー
中国自動車道戸河内ICより国道191号をいこいの村ひろしまへ20㌔ほど進み、いこいの村ひろしま入口から700㍍先を右折する。駐車場は広い。

■登山適期
4月から11月。ワラビの春とキキョウなどの多くの秋の花が咲く9月初旬がよい。冬期は積雪期雪山入門に適している。

■アドバイス
▽草尾根コースの一部は急坂ですべりやすいので注意すること。
▽バス便は1日2往復しかないので、事前に発車時刻を確認しておくこと。

■問合せ先
安芸太田町観光協会☎0826・28・1800、深入山グリーンシャワー管理棟☎0826・29・0211、石見交通益田営業所☎0856・24・0080

■2万5000分ノ1地形図
三段峡

をすぎると**展望岩**に着く。ここでひと息入れよう。展望岩からは聖《ひじり》湖や高岳《たかだけ》、恐羅漢山《おそらかんざん》、十方山《じっぽうざん》などの展望が広がる。

さらに登っていくと深入山の北西側になり、臥竜山《がりゅうざん》や掛頭山《かけずやま》が見えてくる。斜面を右に回りこむと、広い台地状の**深入山**山頂に着く。360度のすばらしい展望が広がり、北東に天狗石山《てんぐいしやま》、その向こうに三瓶山《さんべさん》、南東に白木山《しらきやま》、南西に恐羅漢山などが一望できる。

下山は、南に向かって草尾根コースを下ろう。右の大岩をすぎると急坂になり、5分で**深入山の肩**に着き、左に東登山口の道標を見て右のコースを行く。眼下に深入山グリーンシャワー管理棟を見ながら下ると、出発点の**南登山口**に着く。

（井ノ口孝臣）

CHECK POINT

南登山口の左手、グランドゴルフのコース沿いに進む

休憩小屋すぐ上にある西登山口コースの分岐。深入山は右へ

展望岩から。右手に聖湖、高岳、左手に恐羅漢山、十方山

大展望の深入山山頂から臥龍山を望む

深入山山頂から急坂を下ると深入山の肩に着く

木段が続く東登山道（サブコース参照）

サブコース　東登山口から深入山山頂へ

「いこいの村ひろしま」の駐車場から取り付く。登山口から木段が続くのでペースを崩さず一歩一歩ゆっくり登ろう。樹林帯を右に見て進み、大きく左に曲がって尾根に取り付く。やがて深入山の肩に着く。ここまで一本道で迷うところはない。深入山の肩は分岐になっていて、南登山口からのコースが合流する。

ここから足もとの悪い登山道を登っていくと10分で深入山山頂に着く。駐車場から1時間の行程だ。

17

樹林に囲まれた山頂と展望の山頂を結んで縦走路を行く

聖山・高岳

ひじりやま　1113m
たかだけ　1054m

日帰り

歩行時間＝4時間
歩行距離＝10・5㎞

技術度
体力度

コース定数＝17
標高差＝359m
累積標高差　622m　622m

←高岳から深入山と聖湖を望む

←聖山、恐羅漢山、砥石郷山の眺望

聖山は広島県北西部の安芸太田《あきおおた》町、高岳は島根県益《ます》田《だ》市と広島県北広島《きたひろしま》町の県境にある。聖山はカラマツやミズナラ、ブナに囲まれていて、山頂からの眺望はほとんどないが、高岳は360度の眺望を楽しむことができる。そのため高岳のみを往復する登山者も増えているようだ。ここでは、聖山から登って高岳へ縦走するコースを紹介しよう。

樽床《たるとこ》ダム駐車場から出発する。芸北民俗博物館、トイレ棟をすぎると、左に中《なか》ノ甲《こう》林道の入口に出合う。聖山登山口の標識にしたがって中ノ甲林道に入る。ミズナラを中心とした美しい広葉樹が続く道を歩くと、約30分で**十文《じゅうもん》字《じ》峠**に着く。かつては戸《と》河内《ごうち》に通じる主要な分岐点であったという峠だ。

聖山は以前は草原で頂上までなにもなかったので、展望がよい山だったが、その後、カラマツが植林され、今ではほとんど見晴らしがきかないような状況になっている。登山道はしっかりして歩きやすく、カラマツ林の中を歩いて頂上に向かう。山頂手前に**分岐**があるが、右は高岳への縦走路である。分岐からまっすぐ進むとすぐに**聖山山頂**に着く。残念ながら眺望は

■**鉄道・バス**
往路・復路＝公共交通機関はない。

■**マイカー**
戸河内ICから国道191号を深入山、いこいの村ひろしま方面に向かい、道戦峠から三ツ滝方面に3㌔行き、樽床ダムで堰堤を渡ったところが樽床ダム駐車場。近くに芸北民俗博物館とトイレがある。

■**登山適期**
5〜11月に多く登られているが、11月末には降雪する場合がある。5月のカラマツやブナの新緑、10月下旬の紅葉の季節がよい。

■**アドバイス**
▽熊の生息地なので鳴り物をもって歩こう。
▽聖湖の対岸に聖湖（城代）キャンプ場がある。ここを利用して臥龍山や聖山登山の計画を立ててもよい。
▽高岳だけに登る場合は、高岳登山口に車が置けるが、駐車場がないので道路端に車を置くことになる。
▽樽床ダム駐車場の近くに芸北民俗博物館があり、ダム建設により聖湖の湖底に没した樽床集落や周辺地域で、昭和30年代に収集した生活用具が収蔵展示されている。5〜11月の金・土・日曜、祝日に開館する。
▽近くのいこいの村ひろしまで日帰り入浴できる。

■**問合せ先**
北広島町観光協会芸北支部☎080

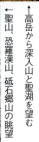

ないが、さらに2分ほど進んで展望広場に行こう。以前は恐羅漢山《おそらかんざん》も見えていたが、ここも立木でほとんど展望がきかなくなった。

高岳へは山頂手前の**分岐**まで引き返し、左折する。急な下りだが、ミズナラやブナなどの広葉樹が美しい。アップダウンを繰り返していくと、高岳や臥龍山《がりゅうざん》が見えるところがある。左に緩く回りこみ、急坂を下るとシダノ谷鞍部だ。ここから急な登り返しとなり、登りきったところが島根県との県境となる。左に**野田《のだ》の百本松（匹見町）への標識**が立っている。

高岳は右に進む。5分くらい歩くと大きなブナに出会う。しだいに高度を上げていき、最後の急坂を登りきると**高岳**山頂だ。360度の展望で、正面に臥竜山、深入山《しんにゅうざん》、往路を振り返ると聖山、恐羅漢山、砥石郷山《といしごうやま》が見える。秋にはススキと聖湖、臥龍山の景色がみごとな光景となる。

下山は南東の聖湖に向かって、急な広葉樹の道を下る。ところどころで木々の間から、聖山や縦走路の尾根が見える。45分ほど下るとノジイ川に出会う。水害でひらきばしが崩落しているので川を渡る。ここを過ぎるともうすぐ**高岳登山口**。湖畔の車道をたどって**樽床ダム駐車場**に戻る。（廣田忠彦）

・6339・2136

■2万5000分ノ1地形図

三段峡

CHECK POINT

1 中ノ甲林道入口にある聖山登山口の標識

2 十文字峠にある聖山山頂入口の標識

3 高岳分岐。右に高岳への道を分けて、直進して聖山へ

4 樹林に囲まれた聖山山頂

5 野田の百本松分岐。ここから県境稜線を歩く

6 展望に恵まれた高岳山頂。360度のパノラマが楽しめる

18

掛頭山

カシワの純林と貴重な湿原植物が楽しみな山

日帰り

かけずやま
1126m

歩行時間＝4時間55分
歩行距離＝10・8km

技術度

体力度

コース定数＝**20**

標高差＝323m

累積標高差 675m 675m

八幡原公園から見た掛頭山

掛頭山は臥龍山《がりゅうざん》から北東にのびる台形状の美しい形をした山で、頂上付近のカシワの純林が魅力だ。東側は旧芸北国際スキー場になっていて、展望がすばらしい。

山頂周辺は天然記念物カシワの群生地

頂上まで車道が通じていて、簡単に山頂に立つことができるため、雲海が美しい秋には、早朝に写真撮影で訪れる人もいる。登山口近くの霧《きり》ヶ谷《たに》湿原は、かつては貴重な自然が失われつつあったが、再生事業により回復しつつあり、現在では春から秋にかけて、さまざまな花が見られる。

登山コースは土草《つちくさ》峠や猿木《さるき》峠側から登るコースと、臥龍山からの縦走コースがあるが、ここでは土草峠から登り、八幡原《やわたはら》公園に帰る一周コースを紹介しよう。

八幡原公園駐車場を出発し、舗装路をまっすぐ行くと**T字路**に出る。ここを右に曲がって進む。車道はさらに続き、途中、右手に掛頭山への車道が分かれるが、まっすぐ続く舗装路を進むと、10分あまりで**土草峠**だ。

峠の右手を尾根に沿って歩く。一部で急坂もあるが、ミズナラやブナなどの林の中を気持ちよく歩くことができる。新緑と紅葉の季節は特にすばらしい。

約50分あまりでテレビ中継所に着く。そのすぐ背後から天然記念物のカシワの純林が続く平坦な道

■鉄道・バス
往路・復路＝バス利用は難しいのでマイカー利用となる。

■マイカー
中国自動車道戸河内ICから国道191号を益田方面へ。191リゾートスキー場前を右折して県道115号に入り、約600㍍先を右折、八幡原公園に進む。戸河内ICから約40分。

■登山の期
積雪期以外は登ることができ、春から秋にかけて湿原や高原に咲く花を楽しめる。ネコノメソウ、ズミ、マムシグサ、カキツバタ、ハナショウブ、オカトラノオ、キスゲ、サラシナショウマ、コアジサイ、タンナトリカブト、コバノギボウシ、ビッチュウフウロ、ハンカイソウ、アケボノソウ、ツリフネソウ、マツムシソウなど。10月末から11月の紅葉の時期もよい。

■アドバイス
▽車が複数台あれば土草峠と八幡原公園に置けばよいが、土草峠には数台しか停められない。
▽時間があれば高原の自然館に立ち寄るとよい。八幡高原に関するさまざまな動植物を知ることができる。
▽トイレは八幡原公園にある。
▽入浴施設として、いこいの村ひろしまが利用できる。

■問合せ先
北広島町観光協会芸北支部☎080

山頂から東側の林道に出るとすばらしい展望が広がる

を行くと、ほどなく**掛頭山**頂上だ。展望はまったくきかないが、頂上から東側の林道に下りると、旧芸北国際スキー場のリフト降り場跡に出る。ここまではテレビ中継所から左の林道を歩いてもよい。時間的にもあまり変わらない。

リフト降り場跡付近からは中野《なかの》冠山《かんむりやま》、一兵山《いちべえさん》家山《かやま》、天狗石山《てんぐいしやま》、阿佐山《あさやま》、大箒山《おおぼうきやま》など、すばらしい景観を望むことができる。また南の臥龍山側に林道を少し下ると、深入山《しんにゅうざん》、臥龍山方面が正面に見える。

下山は掛頭山頂上まで引き返し、左側のカシワの純林の中を歩いてもよいし、林道を歩いて展望を楽しむのもよい。

カシワの純林を歩いた場合は、いったん林道に出る。ここから少し左に行くと稜線沿いに向かって登山道がある。ここからは急な下りとなるので注意して歩こう。少し時間がかかってもよければ林道をミズナラなどの林を楽しみながら歩くこともできる。

やがて両道は合流し、すぐ先で林道と臥龍山方面との分岐に出合う。林道を離れ、猿木峠に向かおう。10分もかからないうちに**猿木峠**に着く。まっすぐ進むと臥龍山への縦走路だが、八幡原公園へは右折する。はじめは広葉樹林の中を歩くが、途中から桧林の中を下っていく。ここを下ると緩やかな道がしばらく続く。登山道を下りきると八幡原公園の遊歩道に到着する。ここを右折するとテーブルのある下山口に着く。車道を左に行くと出発地点の**八幡原公園**に到着する。

（廣田忠彦）

・6339・2136、芸北高原の自然館☎0826・36・2008
■2万5000分ノ1地形図
臥龍山

CHECK POINT

1 登山口の八幡原公園駐車場。前には高原の自然館がある

2 T字路を右折して土草峠を目指す

3 土草峠。ここを右にミズナラやブナの尾根を直上していく

4 臥龍山の左には深入山が見える

5 猿木峠。ここを右折する。峠らしくないので注意

6 霧ヶ谷湿原の観察路。春から秋にかけて、さまざまな山野草が見られる

＊コース図は58ページを参照。

19

ブナの大木と名水と原生林が残る自然の宝庫

臥龍山

がりゅうざん
1223m

日帰り

歩行時間＝4時間55分
歩行距離＝10・8㎞

技術度

体力度

コース定数＝**20**

標高差＝420m

累積標高差 675m 675m

八幡原公園から見上げる臥龍山

猿木峠からの稜線沿いで見られる森の女王の大ブナ

掛頭山《かけずやま》だけでは物足りない登山者には臥龍山への縦走をするとよいだろう。掛頭山から南西にのびている尾根続きの山だ。臥龍山は別名「苅尾山《かりおやま》」ともよばれ、地元ではこの名が親しまれている。北《きた》広島《ひろしま》町の最高峰であり、東側は以前伐採されたが、西側は伐採を免れ、ブナやミズナラなどの原生林が残っている。また八合目に名水の「雪霊水《せつれいすい》」があり、麓には水口《むなくと》谷《だに》湿原や霧《きり》ヶ谷《たに》湿原の再生事業が進められているなど、自然の宝庫として、県内外の自然愛好家にも注目されている。

聖《ひじり》湖キャンプ場、千町原《せんちょうばら》、猿《さる》木《き》峠、土草《つちくさ》峠、八幡原《やわたはら》公園などを起点とする登山コースがあるが、ここは八幡原公園から猿木峠、臥龍山、千町原へ下りるコースを紹

■**鉄道・バス**
往路・復路＝利用できる公共交通機関はない。

■**マイカー**
18掛頭山を参照のこと。

■**登山適期**
18掛頭山を参照のこと。

■**アドバイス**
▽臥龍山の紅葉はすばらしく、八幡原公園側から見ると広葉樹の森が太陽の位置により色が変わっていくさまを見ることができる。
▽八幡原には湿地帯が多く、カキツバタの咲く時期は訪れる人が多い。
▽車が複数台あれば八幡原公園と千町原に置いてもよい。
▽入浴施設として、いこいの村ひろしまが利用できる。

■**問合せ先**
18掛頭山を参照のこと。

■**2万5000分ノ1地形図**
臥龍山

千町原登山口

介しよう。猿木峠までは前項の掛頭山の案内を参照のこと。ここでは猿木峠から先を紹介する。

猿木峠をすぎると1123メートル地点まではしだいに急な登りになってくる。天候が悪い時はすべりやすいところもあるので、注意して歩きたい。高度を上げていくと、右側に大きなブナが現れる。葉が繁っているときは遠くまで見わたせないが、落葉した時期に歩けば、りっぱなブナ林であることが確認できる。厳しい気候条件の中、空に向かって多くの枝葉をつけ、幹の四方にどっしりと根をおろし、まさに森の女王といわれる風格がある。大木の前に立つと「気」をいただく気分にもなるほどだ。

1123メートル地点をすぎると、しだいに緩やかになる。このあたりもブナの大木が多い。しばらくすると道が2分する。右は臥龍山を通らずに八合目に出る道なので、直進する道を進むと、まもなく**臥龍山**山頂だ。あまり広くはないが、八畳岩《はちじょういわ》という大岩がある。以前はこの大岩に上がれば展望がきいていたが、周囲の木が生長して悪くなった。

千町原へは北西に向かって急な道を下りる。りっぱな階段もついている。やがて八合目の林道終点と**雪霊水**に出合う。雨水がブナなどの根でろ過され、地下にしみて、その後地上に湧き出ているもので、名水として知られている。

下山道は急な道を下りていく。木の根が登山道に複雑に露出しており、歩きにくいところもある。少し緩くなったあたりは、モミジやブナ、ミズナラの紅葉がきれいなところだ。

川を横切ると平坦な歩きやすい道となり、小さな谷を渡るとススキに覆われた**千町原の登山口**に着く。あとは舗装路を出発点の**八幡原公園駐車場**へ。

（廣田忠彦）

CHECK POINT

1 猿木峠近くの登山道。しだいに傾斜が増してきて、急登になってくる

2 八合目車道終点への分岐。直進して臥龍山を目指す

3 臥龍山山頂と八畳岩。展望はあまりよくない

4 八合目の林道終点にある雪霊水。ブナやミズナラの恵みの名水が流れる

5 八合目からの急な下り。木の根が露出して歩きにくい場所もある

6 千町原下山口。右に車道を歩いて出発点の八幡原公園駐車場へ

•927
国道186号、荒神原へ
•864
八幡高門
•990
•846
△998
掛頭山への舗装林道を右に分けて、まっすぐ登る車道を行く
18-3
土草峠
869
•857
本坪川
0.25
0.20
ミズナラ林
丁字路
18-2
307
0.55
0.45
テレビ中継所
リフト降り場跡
カシワの純林
•777
0.25
0.30
霧ヶ谷湿原
この林道を歩いてもよい
掛頭山
1126
国道191号、戸河内ICへ
•904
803m
Start Goal
•911
旧芸北国際スキー場
△840
八幡原公園駐車場
下山口
18-6
すばらしい展望
東八幡原
P WC
高原の自然館
18-1
0.50
1.00
0.40
0.50
18-4
800
正面に臥龍山、左に深入山
•873
北広島町
984
0.30
18-5
19-1
猿木峠
林道を離れる
千町原臥龍山登山口
19-6
大きなブナの林
1.00
0.40
川を横切る
•954
△1123
0.50
1.05
900
ブナ林
19-5
19-2
急な下り
八合目分岐
•817
897•
雪霊水
1000
19-4
0.10
0.20
1100
1223
急な下りと階段
臥龍山
(苅尾山)
19-3
1200
•867
聖湖キャンプ場へ
N
•1053
0
500m
1:30,000

20

恐羅漢山・旧羅漢山

ブナの原生林に囲まれた西中国山地の最高峰

おそらかんざん 1346m
きゅうらかんざん 1334m

日帰り

Ⓐ歩行時間＝2時間20分 歩行距離＝5・0km 技術度 体力度
Ⓑ歩行時間＝3時間20分 歩行距離＝6・4km 技術度 体力度

コース定数＝Ⓐ10 Ⓑ13

標高差＝Ⓐ383m Ⓑ383m

累積標高差 Ⓐ↗430m ↘430m Ⓑ↗464m ↘614m

内黒峠を下ったところから見る恐羅漢山

恐羅漢山は西中国山地の最高峰で、山頂から夏焼峠《なつやけのきびれ》にいたる北面と、台所原《だいどころはら》にいたる西面の間にはブナの大木が多く見られ、春の新緑時や紅葉時は特にすばらしい。恐羅漢山と旧羅漢山は双耳峰で、両方の山の標高は2《メートル》程度しか違わず、頂上には岩がある。恐羅漢山は冬は積雪量が多く、頂上では4《メートル》を超えることもあり、豊富な積雪からスキー場として利用されている。登山口は何箇所かあるが、本稿ではⒶ牛小屋高原《うしごや》を基点として立山《たてやま》尾根コースから恐羅漢山に登り、夏焼峠から牛小屋公園に帰るコースと、Ⓑ牛小屋高原から立山尾根コース、恐羅漢山、旧羅漢山、十方《じっぽう》林道、二軒小屋《にけんごや》駐車場へのコースを紹介しよう。

Ⓐ恐羅漢山・夏焼峠ルート

牛小屋高原駐車場からレストハウス前を通り、スキー場に沿って立山尾根コースに向かう。いきなりの急登となるので、ゆっくり歩こう。30分あまりで立山リフト降り場に到着する。ここでは心地よい風に吹かれながら周囲の景色を楽しもう。前方に深入山方面がきれいに見える。

ひと息入れたら先に進もう。この先は6月にはササユリの花が多く見られる。スキー場をすぎると広葉樹林帯になる。急な登りで足もとが悪いところもあるので注意したい。緩やかな登りとなると、まもなく**恐羅漢山と夏焼峠の分岐**に到着する。

分岐を左に行くと10分もかからない時間で**恐羅漢山**頂上に着く。頂上の東側は展望がよく、内黒峠《うちぐろ》から十方山《じっぽうざん》に続く稜線、深入山《しんにゅうざん》、臥龍山《がりゅうざん》、聖山《ひじりやま》、砥石郷山《といしごうやま》などが見える。天気がよければ益田《ますだ》市や日

■鉄道・バス
往路・復路＝バス利用の場合は広島バスセンターから三段峡行きの広電バスを利用。安芸太田町役場で下車し、牛小屋高原登山口までタクシーを利用する。タクシーは所要時間約30分。

■マイカー
戸河内ICから国道191号を益田方面に進み、いこいの村ひろしまをすぎ、小板で左折して恐羅漢山スキー場の案内板にしたがっていく。二軒小屋、牛小屋高原に駐車場とトイレが整備されている。

■登山適期
4月から11月が適期だが、年によっては4月でも雪が多く残っていたり、11月には降雪を見る年もあるので、事前に確認すること。新緑、紅葉の時期が最適。夏も涼しく、エコロジーキャンプ場の利用もできる。ケビンやテントサイトもある。営業は4月下旬～11月上旬。山麓では民宿も利用できる。ドウダンツツジやオオヤマレンゲの花は6月の上旬から中旬ごろ。

■アドバイス
▽牛小屋高原をベースにして登山計画を立てれば、夏焼峠から砥石郷山に登ることもできる。片道約50分。
▽恐羅漢山から台所原に下り、中ノ甲林道から台所原林道を歩き、夏焼峠に回って帰ってもよい。さらに宿

本海を望むこともできるほどだ。

　展望を楽しんだあとは**立山ルート分岐**まで引き返し、夏焼峠へ向かう。まっすぐ進むと緩やかな下りとなり、ブナの大木が続く。秋には赤、黄などの色に染まり、みごとだ。

　まもなく早手のキビレに到着する。左に分岐する道は台所原に通じている。夏焼峠への道はまっすぐ、ほぼ稜線に沿って進む。展望が少し開け、前方に砥石郷山の西の峰が見えたら夏焼峠は近い。急な下りとなるので注意して歩こう。下りついた鞍部が**夏焼峠**だ。まっすぐ進むと砥石郷山登山口となるが、ここでは牛小屋高原に向かって右に曲がる。

　平坦な道が続き、美しい森の中を楽しみながら歩こう。秋には牛小屋高原から夏焼峠まで散策に訪れる人も少なくない。30分も歩けば出発点の**牛小屋高原駐車場**に戻り着く。

Ⓑ恐羅漢山・旧羅漢山ルート

泊すれば十方山に登ることもできる。▽入浴施設に、いこいの村ひろしまがある。

恐羅漢山までは🅐コースを参照のこと。**恐羅漢山**山頂から南西に

旧恐羅漢山山頂。大岩に登ると展望が得られる

向かって県境沿いを歩く。展望はほとんどきかないが、途中、十方山が見えるところがある。その前後から6月にはサラサドウダンの花を見ることができる。大きな木も多く、花期には花目当ての登山者でにぎわう。

鞍部まで進むと大きなアシウスギの林となり、やや薄暗くなる。時期によってはルートがぬかるむところもある。鞍部の旧羅漢山寄りでは6月の梅雨時にモリアオガエルの産卵を見ることができる。

そこから旧羅漢山への登りとなる。登りきったところが**旧羅漢山**頂上だ。昭和53年に登られた三笠宮寛仁親王登山記念碑があるが、展望はよくない。右側前方にある大岩に注意して登ると、すばらしい展望が得られ、広見山《ひろみやま》、半四郎《はんしろう》山《やま》、五里山《ごりさん》、吉和《よしわ》冠山《かんむりやま》などを見ることができる。オオヤマレンゲもこの周囲に咲いている。

旧羅漢山から南側の稜線を県境沿いに水越《みずこし》峠方面に向かう。平坦で緩やかな下りで、展望はほとんどないが、丸子頭《まるこがしら》や十方山を望む地点もある。道すがら、6月には多くのサラサドウダンやナナカマドの花を見ることができる。

1271メートル標高点から県境稜線をはずれ、町の境界線に沿って歩く。1本道で迷うことはないだろう。標高1150メートル付近からしだいに急な下りとなる。急坂が終わると水越峠近くの**恐羅漢登山口**だ。100メートルほど下るとシシガ谷十方山登山道と合流する。ここからは十方林道の渓畔林の美しさを楽しみながら**二軒小屋駐車場**へ向かう。車を牛小屋高原に置いた場合は、さらに30分くらい歩くことになる。

（廣田忠彦）

■問合せ先
安芸太田町役場☎0826・28・2111、広島バスセンター案内所☎082・225・3133、三段峡交通（タクシー）☎0826・28・2011、恐羅漢エコロジーキャンプ場☎0826・28・7270

■2万5000分ノ1地形図
戸河内・三段峡・出合原・野入

CHECK POINT
Ⓐ恐羅漢山・夏焼峠ルート

牛小屋高原の駐車場を出発して立山尾根に向かう

▼

恐羅漢山・夏焼峠分岐。入山時は左に、下山時は直進する

▼

恐羅漢山頂上

CHECK POINT
Ⓑ旧羅漢山ルート

旧羅漢山頂上。三笠宮寛仁親王の登山記念碑

▼

水越峠側の恐羅漢山登山口。下りたところは十方林道

↑立岩山から十方山の展望

←市間山の展望

21

ベニドウダンと静かな広葉樹林の林を行く

市間山・立岩山

いちまやま　1109m

たていわやま　1135m

日帰り

歩行時間=3時間30分

歩行距離=7.1km

技術度 ▲▲

体力度 ♥

コース定数=15

標高差=360m

累積標高差 ↗617m ↘617m

市間山は安芸《あき》太田《おおた》町の戸河内《とごうち》に、立岩山は安芸太田町筒賀《つつが》と廿《はつ》日市《かいち》市吉和《よしわ》の境にある。十方山《じっぽうざん》と立岩ダム、太田《おおた》川をはさんで北東から南西にのびている山だ。地形図では1135㍍ピークのさらに南西側にある1091㍍ピークを立岩山としているが、この山は正しくは日《ひ》の平山《ひらやま》で、立岩山の標識が立っているのは1135㍍の4等三角点峰だ。近くの十方山や吉《よし》和冠山《わかんむりやま》などのような人気はないが、登った人は充分に満足する、隠れた名山といってよいかもしれない。

登山口へは戸河内ICから三段峡《さんだんきょう》方面に向かい、戸河内市街地で左折して田吹《たぶき》集落に向かう。集落を奥に進み、舗装された林道臼谷《うすたに》線を走ると、すぐに獣対策の電気柵がある。柵を通過したあとは元に戻すこと。牛首《うしくび》峠手前に「市間山登山口まで0・6㌔」の案内板があり、右折。砂利道の2つめのカーブのところが**登山口**となる。

■鉄道・バス
往路・復路=公共交通機関を利用しての登山は難しい。

■マイカー
戸河内ICから三段峡方面に向かい、安芸太田町役場をすぎた交差点を左折して上田吹に向かう。上田吹の集落をすぎると林道臼谷線を走る。牛首峠手前に市間山登山口の案内板があるので右折。未舗装路に入るとすぐに標識が立つ登山口に着く。駐車場がないので道端に置くか、引き返して牛首峠に置くとよい。

■登山適期
雪が消える4月中旬以降から11月までがよい。特に5月下旬から6月中旬に咲く、サラサドウダン、ベニドウダンツツジ、ウスギヨウラクツツジはみごと。コアジサイも見られる。また10月後半から11月上旬の紅葉はもすばらしい

■アドバイス
▽トイレは戸河内ICそばの道の駅「来夢とごうち」しかない。
▽熊の生息地域なので、鈴などを持参すること。単独行は避け、複数人で歩くことが望ましい。

■問合せ先
安芸太田町役場☎0826・28・2111

■2万5000分ノ1地形図
戸河内

「市間山頂1時間30分」の案内板が立っている。車はこの近くの道路端に数台停められる。

　はじめから急登だが、杉林の中は特に急で、雨中・雨後はすべりやすい。標高1000㍍あたりで急登が終わり、緩やかになる。右が植林地、左が広葉樹の気持ちのよい道だ。

　やがて左右が広葉樹林帯となり、ブナが目立つようになると**市間山**山頂に登り着く。ブナに囲まれた静かな林が気持ちを落ち着かせてくれる。

　立岩山へは南西に向けて広葉樹林帯の緩やかな道を行く。6月にはサルメンエビネも見られる快適な山道で、こんなすばらしいところはあまりないかもしれない。

　緩やかなアップダウンが終わると急坂となり、登りきると立岩山は近い。大きな岩を登ると**立岩山**山頂だ。狭いが、目の前に十方山が大きく、きれいな姿で見られる。眼下に立岩ダムも見える。なお、頂上から少し南西側に行くと、6月にベニドウダンツツジの群落を見ることができるが、尾根が狭く岩場なので注意したい。

　下山は往路を戻る。（廣田忠彦）

CHECK POINT

1 田吹側の市間山登山口。歩きはじめるとすぐに急登となる

2 市間山山頂。ブナ林に囲まれて展望はないが、静けさが魅力の山頂だ

3 立岩山へは稜線の広葉樹が美しい林内を歩く

4 6月の緩傾斜の稜線道には、足もとにエビネの花が咲く

5 狭い立岩山山頂。すぐ目の前に十方山が美しい

6 立岩山山頂から西方に、吉和冠山方面を展望する

22 大草原の山頂から日本海と瀬戸内海までを一望する

十方山

じっぽうざん 1319m

日帰り

歩行時間＝4時間35分
歩行距離＝9・0km

技術度 ■■□□□
体力度 ■■□□□

コース定数	＝**21**
標高差	＝807m
累積標高差	↗ 914m ↘ 914m

山頂から市間山・立岩山方面の眺め

十方山手前から恐羅漢山の展望

十方山は広島県の北西部に位置し、廿日市《はつかいち》市吉和《よしわ》と安芸太田《あきおおた》町横川《よこごう》との境界にある。恐羅漢山《おそらかんざん》、吉《よし》和冠山《わかんむりやま》に次いで、県下第3位の標高であり、頂上一帯はチマキザサの大草原で、その名の通り、「十方」が見わたせる。天気のよい日には日本海と瀬戸内海の両方を一望できるほどだ。これが、登山者にとりわけ人気のある第一の理由だろう。

登山ルートは廿日市市側に瀬戸《せと》の滝《たき》コース、安芸太田町側に内黒《うちぐろ》峠コース、那須《なす》コース、シシガ谷コース、藤本《ふじもと》新道の5コースがある。本稿では瀬戸の滝コースを往復するコースを紹介し、サブコースとして藤本新道からシシガ谷に回る一周コースを紹介しよう。

トイレの背後にある**十方山登山口**の道標からスタートする。すぐに急登となり、**瀬戸の滝分岐**に着く。岩の多い急な道を登り、左に巻くと緩やかになり、**瀬戸の滝上流部の分岐**に着く。沢筋の道で、命の泉の滝付近では岩が濡れているとすべりやすい。沢を渡ると再びすべりやすい岩場に出合う。ロープがあるので慎重に。

やがてブナ、トチ、カエデなどの大木が見られる美しい森の中を行く。秋の紅葉は特に美しい。

尾根に出ると十方山の背後に市《いち》間山《まやま》や立岩山《たていわやま》が見える。まもなく三《み》ツ倉《くら》遭難碑下の**五合目**に着く。右上に十方山に続く尾根が見える。ここから標高差で40㍍くらい下ると今度は急登になる。登りきると平坦なササ原とブナの美しい森が見られる。

ひと息ついたところで最後の急

■**鉄道・バス**
往路・復路＝バスによる日帰り登山は難しい。

■**マイカー**
瀬戸の滝コースは中国自動車道吉和ICから県道296号を走ると15分ほどで登山口に着く。車は30台程度駐車できる。登山口にトイレがある。藤本新道コースは中国自動車道戸河内ICから国道91号を益田方面に向かい、いこいの村をすぎ、小板を左折して恐羅漢山スキー場の案内に進む。スキー場の方に行かず、入口の広い駐車場に車を停める。戸河内ICから45分。トイレもある。

■**登山適期**
4月下旬まで残雪があることも。5月中旬になると新緑に彩られ、秋にかけてアカモノ、ササユリ、ギボウシ、オオカメノキ、ササユリ、ナツツバキ、ヤマジノホトトギス、ナナカマド、リンドウ、ツルリンドウなど多くの花が楽しめる。また秋には

CHECK POINT

1 十方山登山口。すぐに急登がはじまる

2 瀬戸の滝分岐からは岩の多い急な尾根道を登る

3 瀬戸の滝上流部分岐。沢筋の道ではスリップに注意

4 五合目では、この先の急登に備えて休んでいこう

5 すばらしい展望が得られる十方山山頂

6 時間に余裕があれば瀬戸の滝まで足をのばそう

登が待っている。やがて樹林帯を抜け、ササ原に変わって平坦な道となる。前方が開け、広い草原と周囲の景色が疲れを忘れさせてくれる。ササ原の緩やかな道をしばらく歩くと**十方山**山頂だ。安蔵寺山《あぞうじやま》、寂地山《じゃくちやま》、吉和冠山、五里山《ごりさん》、大峯山《おおみねやま》、市間山、立岩山、旧《きゅう》羅漢山《らかんざん》、遠くは白木山《しらきやま》、呉娑々宇山《ござそうざん》、野呂山《のろさん》、似《に》ノ島《しま》、江田《えた》島《じま》、瀬戸内海、周防大島《すおうおおしま》が見える。空気が澄んでいれば四国・石鎚山《いしづちさん》や日本海も見ることができる。さらに、5月にはアカモノ、6月にはササユリ、8月から9月にかけてはカワラナデシコ、9月頃にはツルリンドウが見られる。

下山は往路を戻ろう。

（廣田忠彦）

サブコース　藤本新道からシシガ谷へ

藤本《ふじもと》新道ルートは二軒小屋駐車場から内黒峠に向かう林道を500《メートル》ほど歩いたところにある「十方山頂へ3時間10分」の案内板のところから歩きはじめる。

いきなりの急登で、40分も登ると内黒峠からの道に合流する。急登だが、大きなブナやウリハダカエデ、ナナカマドなどの広葉樹の林が続く。10月に歩けばナナカマドの赤い実が周囲の景色を際立たせてくれる。

内黒峠合流点から標高差で150《メートル》ほど登ると丸子頭に着く。ここからは緩やかな登りが続き、ほとんど展望はないが、広葉樹の林が美しいところだ。前三ツ倉をすぎ、奥三ツ倉に着くと、前方に十方山が大きく見えてくる。広葉樹の林を下り、登り返すと十方山山頂だ。

下山はシシガ谷登山口へ向かう。急坂になると、道が雨で流されたところもあるのでルートをはずさないように。途中から谷に沿って歩くが、ロープが設置された部分もある。ここをすぎるとまもなくシシガ谷登山口に着き、あとは十方林道を二軒小屋まで歩く。全行程約5時間。

なお、山頂からシシガ谷登山口までは、急な下りもあるが、尾根コースを歩いてもよい。

瀬戸滝上部のモミジやブナなど、藤本新道コースではナナカマドやモミジなどの紅葉が美しい。

■アドバイス

▽瀬戸滝コースは命の泉の滝とその先に岩があり、濡れているとすべりやすいので注意すること。また藤本新道コースはシシガ谷の登山口に近い部分で登山道が崩れているため、注意して歩こう。

▽シシガ谷のルートは雨で土砂が流れたり、掘れたりして歩き難いところがある。このため十方山の1328《メートル》峰から水越峠に向けて尾根を歩くコースがよく使われている。道標はないが、ピンクのテープと下刈りがしてある。下山口はシシガ谷の十方登山口と同じところに出る。

▽十方山の頂上は台形で広いため、ガスに巻かれると道を誤る恐れもある。必ず地図と磁石は携行すること。

▽熊の生息地のため、鳴り物を携行すること。

▽入浴施設に女鹿平温泉や潮原温泉がある。

■問合せ先

廿日市市役所吉和支所☎0829・77・2111、安芸太田町役場☎0826・28・2111、三段峡交通（タクシー）☎0826・28・2011

■2万5000分ノ1地形図

戸河内・三段峡

牛小屋高原へ
古屋敷
内黒峠へ
252
内黒峠
恐羅漢山
1346
恐羅漢スキー場
国道191号、戸河内へ
藤本新道登山口
二軒小屋
駐車場
790m
Start Goal
藤本新道
0
1km
1:45,000
安芸太田町
旧羅漢山
1334
十方林道
1152
1271
1073
ナナカマドがある
1152
内黒峠からの道に合流
714
横川川
丸子頭
1236
那須へ
1079
1073
シシガ谷登山口
シシガ谷コース
ナナカマドがある
水越峠
777
1162
797
尾根ルート
前三ツ倉
1312
那須分れ
1096
1067
尾根ルートを下ることもできる
奥三ツ倉
十方山が見える
1328
1013
658
戸河内ICへ
坂根
1319
十方山
押ヶ垰断層帯
1215
414
遭難碑
ササ原
966
打梨
1200
1100
1024
急登
669
1013
1000
900
押ヶ垰
1085
882
800
清水
1:10
1:00
700
600
三ツ倉
遭難碑
584
立岩ダム
970
五合目
915
712
653
929
立岩貯水池
ブナなどの大木がある
0:50
0:35
沢を渡る。すべりやすいので注意
846
859
934
目の梟の滝
スリップに注意
754
瀬戸の滝
上流部の分岐
761
立岩山
1135
914
0:30
0:20
瀬戸の滝
WC
瀬戸の滝分岐
甘日市市
Start Goal
512m
十方山登山口
882
0:05
864
701
943
857
吉和ICへ
672
立岩山
1091

←山麓の吉和石原集落から吉和冠山を望む（写真＝瀬尾幸雄）

23

ブナ林とカタクリ、オオヤマレンゲ、特異な山容で知られる人気の山

吉和冠山

よしわかんむりやま
1339m（1等三角点）

日帰り

歩行時間＝4時間45分
歩行距離＝9・0km

技術度 ■■□□□　体力度 ■□□□□

コース定数	＝18
標高差	＝546m
累積標高差	↗668m ↘837m

←頂上からの下山道にある大きなブナ

吉和冠山は廿日市《はつかいち》市の北西部、吉和《よしわ》地区にある山だ。広島県では「冠山」とつく山が多いため、それぞれの地区で地名をつけてよばれていて、この山では「吉和」の名が冠されている。頂上の北側が鋭い懸崖となっていて、特異な山容をしており、どこから見ても目立つ。登山道周辺にはブナ林の大木、4月の末から5月のはじめにかけてカタクリ、5月から6月にサラサドウダン、6月にはオオヤマレンゲの花が見られ、新緑や花の咲く時期、10月末から11月の紅葉時には多くの登山者でにぎわう。

登山口は松《まつ》の木《き》峠からと潮原《うしおばら》温泉からの2箇所あり、各登山口から往復してもよいが、2つの登山口に車を配車し、縦走すると充実した山行になる。ここでは松の木

■鉄道・バス
往路＝JR山陽本線宮内串戸駅から広電バスでさいき文化センターへ。吉和さくらバスに乗り換えて冠高原入口下車。松の木峠へ徒歩20分。
復路＝潮原温泉から吉和さくらバスでさいき文化センターへ。

■マイカー
廿日市方面から国道186号を吉和方面へ。冠高原入口か潮原温泉を左折。吉和ICを利用した場合はICを右折して廿日市方面へ。潮原温泉または冠高原入口を右折。潮原温泉からは中国自動車道の下付近に駐車できる。冠高原松の木峠からは峠の手前約100メートル左に駐車できる。

■登山適期
1～3月は積雪があり、4月中旬以降がよいだろう。カタクリは4月下旬から5月上旬、オオヤマレンゲは6月中旬前後。サラサドウダンは5月下旬から6月中旬がよい。そのほか、5月の新緑、10月下旬の紅葉もすばらしい。

■アドバイス
▽カタクリやオオヤマレンゲの花を見る場合は松の木峠から往復するコースがよい。
▽松の木峠付近にはトイレがないので、道の駅などを利用するとよい。
▽クマ対策として鈴などの鳴り物を携帯した方がよい。
▽宿泊、日帰り入浴施設として潮原

峠から登り、潮原温泉に下るコースを歩いてみよう。

　松の木峠手前100㍍に車を置いて出発する。**松の木峠登山口**から右に行く。はじめは緩やかな登りだが、ピークをひとつ越えたあたりから急登となる。最初は左が杉林で右は広葉樹林だが、標高が上がるとカラマツと桧林に変わる。急登が終わると**展望所**があり、前方に鬼《おに》ヶ城山《じょうやま》、そのうしろに羅《ら》漢山《かんざん》が見える。

　ここから寂地山《じゃくちさん》と冠山の分岐は30分あまりだが、大きなブナも見られ、新緑の季節は気持ちが安らぐところだ。カタクリの時期は登山道脇で花を楽しむこともできる。

　寂地山・冠山分岐に着いたら吉和冠山は右に向かう。いったん下降するが、道が悪いので注意しよう。登り返すと、途中、太田《おおた》川源流の碑があり、まっすぐ進む。この先、6月にオオヤマレンゲの花が見られるところがある。さらにはカタクリの花も咲いている。

　登りきったところが**吉和冠山**頂上だ。付近にはドウダンツツジの花が見られる。頂上北側は懸崖になっていて、岩場まで来ると恐《おそ》羅漢山《らかんざん》や十方山《じっぽうざん》などがきれいに見える。少人数であればここで食事をすると最高だろう。

　下山は潮原温泉に向かって東側に下りる。ここでも大きなブナを見ることができる。鞍部は**分岐**になっていて、エスケープルートとクルソン仏岩方向に行くルートに分かれる。まっすぐクルソン仏岩ルートを歩くと、15分あまりで**クルソン仏岩**に到着する。名前の由来は定かではないが、岩を仏に見立てたからとか、信仰の対象として祀っていたからだという説など、諸説がある。

　ここから左に急で足もとが悪いルートを下りる。雨中・雨後は特に注意したい。やがてエスケープ

クルソン仏岩

温泉と魅惑の里温泉がある。
■**問合せ先**
廿日市市役所吉和支所☎0829・77・2111、ひろでんコールセンター☎0570・550700、吉和さくらバス☎0829・72・0338（津田交通）
■**2万5000分ノ1地形図**
安芸冠山

CHECK POINT

1 松の木峠の登山口。最初は緩やかだが、やがて急登となる

2 標高が増してくるとカラマツ林の登山道となる

3 展望所から鬼ヶ城山とうしろに羅漢山が見える

4 1等三角点の冠山頂上。岩場のそばに立つと展望がすばらしい

5 工事中の林道を横切る。下りきったところがオオタキだ

6 鉄の橋を渡ると20分あまりで下山口の潮原へ

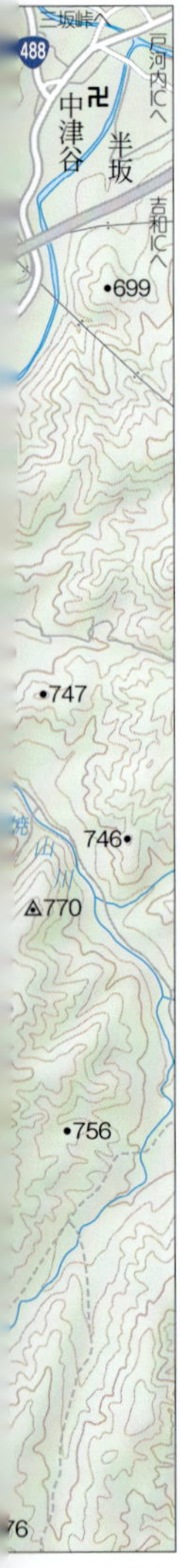

ルートに**合流**し、さらに進むと林道を横切って、下りたところが**オオタキ**だ。あとは左岸に沿って歩き、鉄の橋を渡って、**潮原温泉**に向かう。

（廣田忠彦）

頂上の北にある懸崖からは恐羅漢山や十方山が見える

↑下龍頭山からの展望

←道の駅「豊平どんぐり村」から龍頭山が見られる

24

滝と360度の展望がすばらしい独立峰。山麓はそばの里

龍頭山

りゅうずやま
928m

日帰り

歩行時間＝2時間55分
歩行距離＝5・9㎞

技術度
体力度

コース定数＝13
標高差＝530m
累積標高差 574m 533m

龍頭山は県北部の北広島《きたひろしま》町豊平《とよひら》に位置する山。登山道はよく整備され、山頂からは360度の大展望が広がる。山麓の道の駅「豊平どんぐり村」では宿泊や日帰り入浴ができる。

龍頭山のスタート地点は、道の駅「どんぐり村」入口から約100㍍先にある**龍頭山登山口バス停**だ。バス停から県道316号を西《にし》宗《むね》方面に進み、その先、道標にしたがって左折する。人家前にある道標を見て右に行くと**登山口**の駐車場に着く。別荘地の坂道を上がると龍頭山遊歩道の大きな看板とトイレがある。

ここから山道に入ると15分ほどで駒《こま》ヶ滝《たき》の入口に出る。その先の杉林の奥に落差36㍍の**駒ヶ滝**がある。雨後を除いて通常は水量が少

■鉄道・バス
往路＝広島バスセンターから琴谷行き広電バスに乗車し、龍頭山登山口バス停で下車。登山口まで徒歩20分。復路＝掛札バス停より広島バスセンター行きの広電バスに乗車。

■マイカー
中国自動車道広島北ICで降り、国道261号を道の駅「豊平どんぐり村」方面に行き、鈴張で県道40号を左折、道の駅「豊平どんぐり村」前から県道316号を西宗方面に右折する。その先で左折し、人家のところで右折すると登山口駐車場に着く。駐車場は10台ほどの駐車スペースがある。

■登山適期
桜やヤマツツジの咲く4月中旬から紅葉の11月ごろまでがよい。冬期は積雪が多い。

■アドバイス
▽林道を利用すれば九合目まで通じているので、10分で山頂に着く。
▽下山後、道の駅「豊平どんぐり村」で日帰り入浴ができる。山頂のあずまやに入浴割引券が置いてあるので確認してみよう。

■問合せ先
北広島町役場豊平支所☎0826・83・1122、ひろでんコールセンター☎0570・550700

■2万5000分ノ1地形図
琴谷

CHECK POINT

龍頭山登山口バス停。背後に見えるのだ龍頭山

駐車場には10台ほどの駐車スペースがある

トイレがある別荘地の最奥部から駒ヶ滝までは15分

中龍頭山頂に建つあずまや

中龍頭をすぎると、九合目からの遊歩道が合流する

休憩舎と方位盤がある龍頭山山頂。360度の大展望だ

ないのが残念だ。続いて権現坂《ごんげんざか》をジグザグに登ると林道と接する滝《たき》ヶ馬場《ばば》で、駐車広場や案内板、トイレがある。林道と分かれ、山腹を巻いていくと勾配がきつくなり、ジグザグに木段を登り、**前龍頭**《まえりゅうず》の展望所に着く。眼下にどんぐり村や田園が広がる。少し下って木段を登り返すと、休憩小屋のある中《なか》龍頭で、このあたりからブナやミズナラの広葉樹の道となる。目の前に急な木段が見えると、九合目の林道終点から登ってくる遊歩道が合流する。山頂目前の木段がこのコースいちばんの踏ん張りどころだ。

龍頭山山頂に着くと、今までの疲れは吹っ飛んでしまうほどすばらしい展望が広がる。北に石見冠《いわみかん》山《ざん》、西に深入山《しんにゅうざん》、恐羅漢山《おそらかんざん》、臥《が》龍山《りゅうざん》、吉和冠山《よしわかんむりやま》、南東に白木《しらき》山《やま》、南に宮島《みやじま》も見える。

下山路は、稜線を西に向かい、龍頭平原別荘地に下ろう。緩やかな稜線を左折。桧林の急坂をすぎ、青い水槽タンクが目に入ると、まもなく**龍頭平原登山口**だ。舗装道路を左右どちらに行っても別荘地の中を抜け、**掛札**《かけふだ》**バス停**に着く。車を道の駅に置いた場合は、豊平中学校の前を通り、どんぐり村まで30分の道のりだ。（井ノ口孝臣）

25

旧石州街道と可部のマッターホルンからの展望を楽しもう

可部冠山

かべかんむりやま
736m

日帰り

歩行時間＝3時間30分
歩行距離＝6・8km

技術度
体力度

コース定数＝17
標高差＝488m
累積標高差 840m 840m

南原入口から中央にマッターホルンのような可部冠山が見える

可部の市街地を俯瞰する。条件がよければ広島市街も見ることができる

可部冠山は広島市の北東部、可《か》部《べ》町と北広島《きたひろしま》町本地《ほんじ》の境に位置し、見る角度によってはマッターホルンのように見える秀峰だ。可部冠山近くの可部峠は、旧石州《せきしゅう》街道の峠であり、当時は浜田～本地～可部峠～可部の街へ通じる主要道として、参勤交代にも利用されていたという。旅人も多く、峠付近には茶屋もあったそうだ。本地側には可部峠の御神水があり、街道を行き交う多くの人が利用したという。さらには旧陸軍の乃木希典将軍がこの水でのどをうるおしたともいわれている。

登山口の南原《なばら》峡には加賀津《かがつ》の滝や石采《いしうね》の滝、奇岩などがあり、県立自然公園に指定されている。登山コースはいくつかあるが、竜頭《りゅうず》ヶ原《はら》園地から尾根沿いに登り、西冠山、可部冠山、可部峠に続くルートを紹介しよう。

登山口はトイレの背後にあり、すぐに堂床山《どうとこやま》と西冠山、可部冠山の案内板があり、右側の道を進む。ジグザグにつけられた転石の多い道なので、ゆっくり歩こう。すぐに尾根に出るが、ここからはよく手入れされた山道となる。途中、左に加賀津の滝、石采の滝への分

■鉄道・バス
往路・復路＝JR可部線可部駅で広島交通の研修センター行きバスに乗り換え、終点で降りる。また、広島バスセンターからも研修センター行きバスが利用できる。ただし、この場合はバス停～登山口間の舗装路を往復3時間ほど歩くことになる。

■マイカー
南原峡入口から南原峡に向かうが、カーブが多いので注意したい。15分ほど走ったところで南原川にかかる橋を左折。続いて左折すると、トイレも整っている竜頭ヶ原駐車場に着く。車が複数台あれば、下山口となる冠山・旧街道登山口に車を置けば、歩く時間を短縮できる。

■登山適期
年間を通して楽しめる。春のコバノミツバツツジ、アセビや秋の紅葉はすばらしい。冬期には積雪や凍結することもあるので注意が必要だ。

■アドバイス
▽トイレは竜頭ヶ原園地の登山口にしかない。
▽バスを利用する場合は、便数が少ないので事前に調べておくこと。
▽旧街道コースは2021年8月の豪雨被害で通行止めだったが、2024年4月現在は修復工事が進み、通行できる。
▽堂床山～可部冠山を縦走する場合は竜頭ヶ原駐車場から堂床山を経て

岐があるが、まっすぐ進む。
1時間くらい歩くと左側に明神ダムが見えてくる。まもなく**明神ダムと冠山分岐**に着き、右に進む。桧林を抜けると、しだいに急坂になり、登りきったところが**西冠山**頂上だ。残念ながら展望はない
この山頂から10メートルあまり進むと堂床山と可部冠山の分岐に出る。右に進み、小さな登りや下りを経て、急登するようになると岩が現われ、すぐに**可部冠山**山頂だ。

「冠」の名がつく多くの山は頂上が崖になっているところが多いが、可部冠山も例外ではない。展望はすばらしく、360度を見わたすことができる。遠く、十方山《じっぽうざん》や深《しん》入山《にゅうざん》方面も確認できる。

展望を楽しんだら下山にかかろう。頂上から東に進むとすぐに可部峠だ。左に進むと峠の茶屋跡があるので足を運んでみるとよい。

可部峠に引き返したら南原峡へ下る。桧林が多い中を下っていくが、途中、道が水害で掘れていたり、ぬかるんで歩きにくいところもある。30分あまり下ると「しるべ石」という石柱があり、可部峠と可部町を示す矢印がつけられている。

道をさらに進むとコンクリート橋が流出しており、小さな川を直接渡りきれいに整備されつつある道を歩くと、まもなく**旧街道コースの登山口**に到着する。あとは舗装路を龍頭ヶ原園地の**登山口**に向かう。（廣田忠彦）

可部冠山まで、歩行時間は3時間近く見た方がよい。

■問合せ先 広島市安佐北区役所地域起こし推進課☎082・819・3904、広島交通大林営業所☎082・818・0121 **■2万5000分ノ1地形図** 可部・佐々井

CHECK POINT

登山口のすぐ先で、堂床山、西冠山、冠山の分岐に出合う。右側の道に入る

木立に囲まれた西冠山山頂。小さなアップダウンを経て冠山山頂へ

可部冠山頂上へ到着。展望がよく、芸北の山々や白木山などが見える

旧石州街道の要衝だった可部峠。本地側に行くと茶屋跡がある

26 白木山

360度の大展望と達成感が得られる過酷なロングコース

しらきやま 889m

日帰り

歩行時間＝5時間
歩行距離＝11.0km

技術度

体力度

コース定数	＝**23**
標高差	＝825m
累積標高差	↗1019m ↘1046m

上深川駅～狩留家駅間から眺める白木山

コース途上から高鉢山、安駄山から連なる山並みを展望する
（写真＝野間 弘）

白木山は、安佐北《あさきた》区可部《かべ》町と白《しら》木《き》町の境に位置し、どのコースから登っても急登でハードなため、訓練登山の対象として、よく登られている。山頂からの展望もすばらしいことから、多くの登山愛好者に親しまれ、登られている。いくつかの登山コースがあるが、ここではJR白木山駅から登り、JR上深川《かみふかわ》駅に下るコースを紹介しよう。

白木山駅を出て、踏切を山側に渡り、車道を進むと右に大きくカーブした先に**登山口**がある。登る前に案内板のコースを確認していこう。最初から石段となり、木段が続く。**穴地蔵**からさらに急登となり、あたりが開けると四合目に着く。東側が伐採され、展望が開ける。

五合目をすぎると土塁状の平坦な道になり、このコースで唯一気

■**鉄道・バス**
往路＝JR芸備線白木山駅で下車。登山口まで徒歩10分。
復路＝JR上深川駅から帰途につく。

■**マイカー**
山陽自動車道広島東ICから県道70号、37号で約10キロ、白木山駅周辺の車道の路肩に数台駐車スペースがある。

■**登山適期**
年間を通して楽しめる。4月中旬ごろからアセビやツツジの花が見ごろとなる。

■**アドバイス**
▽白木山の登山コースは他に数コースあるが、下山口のアクセスを事前に確認しておこう。
▽登る前に下山後の列車の時刻を確認しておくこと。JR芸備線の列車ダイヤは休日は少ない。
▽JR白木山駅で下車の際、イコカは使用できない。

■**問合せ先**
広島市安佐北区役所☎082・819・3904

■**2万5000分ノ1地形図**
可部・中深川

持ちが和むところだ。登るにつれ、再び勾配がきつくなり、足もとはゴロゴロした石で歩きにくい。

七合目の標識を見て少し進むと、**水場の小広場**に着く。灌木帯の八合目、九合目をすぎて左に曲がるとやがて**白木山**山頂だ。広い広場になっていて、360度の大展望が広がる。東に鎌倉寺山《かまくらじやま》、鷹ノ巣山《たかのすやま》、北西に可部の街並みや可部周辺の山々、南東に呉娑々宇山《ごさそうざん》、気象条件がよければ石鎚山《いしづちさん》をはじめとする四国の山並み、三瓶山《さんべさん》も眺望できる。

展望を楽しんだら下山にかかろう。南西にのびるよく整備された尾根道を下ると林道に出る。**桐原《とげ》分《わ》かれ**だ。右に行くと桐原地区へ。上深川駅へは左側の林道を進む。やがて**中深川《なかふかわ》駅への分岐**を左の舗装道に入り、電波塔の右側から山道に入ると再び林道に出る。

林道を進むと左に鬼ヶ城山《おにじょうざん》の登山口を見送り、鬼ヶ城山を巻いて進むと**アンテナ無線局**に着く。時間があれば鬼ヶ城山へ登ってもよいだろう。往復で15分ほどの距離だ。

無線局からは施設の横を上深川駅を目指して下る。木段と急坂が続き、渓流のせせらぎを聞くと**上深川登山口**の林道に出る。人家の間を抜け、上深川橋で三篠川《みささがわ》を渡ると**上深川駅**に着く。

（井ノ口孝臣）

CHECK POINT

1 白木山駅から10分歩くと白木山登山口に着く。取付から階段が続く

2 五合目をすぎるとコースの中で唯一、平坦で歩きやすい道が少しの間続く

3 七合五勺の水場には、水場から設置されたホースの水が流れ出ている

4 360度の大展望の山頂には、白木山のシンボルともいえる電波塔や神社がある

5 中深川駅分岐を左の舗装道に入ると左手に電波塔がある。鬼ヶ城山は右側から入る

6 二十畳岩をすぎ、なおも急坂を下る途中から眺めた上深川の街並み

27 神ノ倉山

かんのくらやま
561m（三角点の標高）

天空を舞うハンググライダーを仰ぎ、中世の山城跡を訪ねる

日帰り

歩行時間＝3時間10分
歩行距離＝7・5㎞

技術度 ★☆☆☆☆
体力度 ★☆☆☆☆

コース定数＝13	
標高差＝420m	
累積標高差	上り 512m
	下り 512m

↑JR井原市駅付近から望む神ノ倉山

←宇宙広場。この広場から山頂一帯にかけての神之倉山公園は、故・谷岡国一氏が私財を投じて一代で築いたもの

神ノ倉山は、広島市の北部、安《あ》佐《さ》北《きた》区白木《しらき》町と安芸高田《あきたかた》市向原《むかいはら》町の境に位置している。ハンググライダーが飛ぶ山として知られ、山頂一帯は、白木町井原《いばら》の故・谷岡国一氏が、平和を願い、私財を投じて一代で築いた私有の神之倉山公園だ。春ともなれば多くの桜やツツジが咲き誇り、花の名所としても知られている。

平成13年4月、地元有志によって中世の城跡である鍋谷《なべたに》城跡が整備され、新しく「魅力発見の道」として、神ノ倉山から牛《うし》ノ首《くび》を縦走し、鍋谷城跡へ下ってJR井原市《いばらいち》駅に戻る一周コースが整備された。ここではこのコースを紹介しよう。

井原市駅前から右に50《メートル》ほど行って左折すると井原大橋に出

■鉄道・バス
往路・復路＝JR芸備線井原市駅下車。登山口まで徒歩15分。

■マイカー
井原市駅周辺に正規の駐車場がないため、マイカー登山には不向き。

■登山適期
4月中旬から下旬にかけて、尾神ノ峠から山頂にいたる神ノ倉山一帯は、桜やツツジ、モクレンが咲き、ベストシーズンになる。

■アドバイス
▽井原市駅前に「魅力発見の道」コース案内板があるので、コースを確認して登ろう。
▽井原第二ポンプ所から登山道に入るか、林道を歩いて北田城跡の分岐から登山道に入っても時間的にはあまり変わらない。
▽尾神ノ峠から神ノ倉山頂まで車道歩きとなるが、カーブごとに近道になる「遊歩道」の標識があるので、見落とさないように。
▽神ノ倉山北山麓（安芸高田市向原町長田地区）にはカタクリの里があり、4月上旬ごろが見ごろ。

■問合せ先
広島市安佐北区役所☎082・819・3904、安芸高田市農林水産課☎0826・47・4022、井原タクシー☎082・828・0025

■2万5000分ノ1地形図
井原市

神ノ倉山山頂の碑。山頂からは白木山や広島湾が一望できる

る。目指す神ノ倉山を右上に見て橋を渡り、道標に導かれながら進むと、井原第二ポンプ所に着く。左側に登山口を見てさらに林道を進むと、下からの**登山道が合流**し、直進すれば北田《きただ》城跡へ、神ノ倉山は右に進む。

山道に入り、二度目の林道に出ると、右に10㍍ほど進んで左に入る。桧林の中を進み、**神之水**《かみのみず》の水場をすぎると、やがて**尾**《お》**神ノ峠**《がみ》に着く。大《おお》歳《とし》神社があり、車道を左に行くと向原方面へ。神ノ倉山山頂へは車道を右へ行く。車道と遊歩道の標識にしたがって登っていき、赤橋を通り、テレビ塔が見えくると「神ノ倉頂上碑」が立つ**神ノ倉山**山頂に着く。白木山《しらきやま》や西中国山地の山々、遠く三瓶山《さんべさん》も望むことができる。

下山路は、ハンググライダーのフライト場へ通じる道を進むと、やがて**フライト場**に着く。眼下に三篠川《みささがわ》や田園が広がり、東に鷹《たか》ノ巣山《すやま》やカンノ木《き》山《やま》が見える。樹林帯に入って稜線を下ると、あべが峠に着き、登り返すと**牛ノ首**の486㍍ピークだ。少し下って稜線を右折すると急坂になる。これを下ると**鍋谷城址の分岐点**の堀切がある。時間に余裕があれば立ち寄ってみよう。

分岐に戻り、下っていくと林道に出る。林道を横切って杉林に入り、涼堂《すずみどう》の分岐から左折、馬場跡から竹林を抜けて車道を進む。**江**《え》**地**《じ》**大橋**を渡って右折したら、**井原市駅**まで25分の道のりだ。

（井ノ口孝臣）

CHECK POINT

1 井原大橋を渡り、道標にしたがって進むと10分で登山口に着く

2 北田城跡の分岐、神ノ倉山は右に進む。桧林に入り、神之水の水場に着く

3 尾神ノ峠の大蔵神社から左に行くとカタクリの里向原へ。神ノ倉山は右へ行く

4 486㍍の牛ノ首から少し下って右に折れ、急坂を鍋谷城址方向に下山する

28

ブナの原生林と雄大な展望の県央の最高峰

鷹ノ巣山《たかのすやま》

922m（1等三角点）

日帰り

歩行時間＝2時間10分
歩行距離＝4・5km

技術度
体力度

コース定数 ＝**9**	
標高差 ＝248m	
累積標高差	↗ 391m
	↘ 391m

↑鷹ノ巣山（左）とカンノキ山

←鷹ノ巣山山頂から白木山方面を望む

広島県中央部、東広島《ひがしひろしま》市福富《ふくとみ》町と安芸高田《あきたかた》市向原《むかいばら》町の境に位置する山で、鞍部をまたぎ、南峰は鷹ノ巣山、東峰はカンノ木《き》山の双耳峰だ。鷹ノ巣山山頂付近には春になるとカタクリの花が咲き、ブナの原生林と山頂からの展望のよさで人気がある。県央の森がある南側の東広島市福富町側と、北側の安芸高田市向原町から登るコースがあるが、ここでは県央の森から登るコースを紹介しよう。

県央の森から来た道を徒歩で10分ほど戻ると**鷹ノ巣山・カンノ木山登山口**。ここを左折して150メートルほど下ると、右に林道が分かれ、入口に「国有林専用」の標識があり、チェーンが張られている。ここを入っていく。

林道を20分あまり歩くと、右側に「鷹ノ巣山」と書かれた標識があり、**山道に入る**。標識にしたがって進むと桧林になる。緩やかで足もとがしっかりしているので、快適な道だ。しかし、登るにしたがって急登になり、以前はロープが設置された道を直登していたが、今では右側に避けて通った踏跡が本道の状態になっている。

ブナ植物群落保護林を抜けると、あたりがいっきに開け、1等三角点の**鷹ノ巣山**山頂に到着する。山頂には展望案内板が設けられ、休憩小屋が建っている（屋上の展望台は階段の腐食で立入禁止）。東面は樹木にさえぎられて展望はないが、他方向の展

■**鉄道・バス**
往路・復路＝路線バスの便数が少なく登山には不向き。

■**マイカー**
山陽自動車道西条ICから国道375号を左折する。約14㌔走り、福富町久芳の信号機のある交差点を左折して県央の森まで約4㌔。駐車場は県央の森に40台、登山口、下山口の空地にそれぞれ3台ほど駐車できる。

■**登山適期**
カタクリの花が咲く4月から5月ごろがよい。冬期は県央の森までの除雪はされないので、路面の積雪状況によっては入山が困難になる。

■**アドバイス**
▽紹介コースを逆に歩いた場合、鷹ノ巣山山頂から下山路の標識がなく、休憩小屋の右側に明瞭な道があるが、この道は下山路ではないので注意したい。
▽県央の森に駐車場とトイレがある。

■**問合せ先**
東広島市役所福富支所地域振興課☎082・435・2211

■**2万5000分ノ1地形図**
乃美・井原市

望は最高で、すぐ西に白木山《しらきやま》、北西に芸《げい》北《ほく》山群が遠望でき、さらに好天の日は北に三瓶《さんべ》山《さん》、南に野呂《のろ》山《さん》、遠く瀬戸内海の島も見える。

　下山は東側のカンノ木山方面に向かう。平坦な道が急坂となり、その先、薄暗い桧林の**鞍部**に着く。鞍部は十字路になっていて、直進するとカンノ木山へ、左は向原に向かう。県央の森へは右の道に入る。伐採が進む杉林の中は、重機の通行のための道がいたるところにできて迷いやすいが、谷川沿いに下ると往路の**鷹ノ巣山・カンノ木山登山口**に着く。（井ノ口孝臣）

CHECK POINT

県央の森駐車場は、県央の森公園キャンプ場にあり、約40台の駐車スペースがある

鷹ノ巣山・カンノ木山登山口。鷹ノ巣山へ逆縦走をする場合やカンノ木山登山はここから右へ行く

登山口から車道を150メートルほど引き返し、右に分かれる林道に入っていく

林道途中、左側に広い道があり、その反対側に登山口の小さな標識を見落とさないよう注意する

山頂には県内でも数少ない1等三角点がある。休憩小屋が建っているが、屋上へは階段の腐食で登れない

周囲を桧林に囲まれて薄暗い鞍部を直進するとカンノ木山へ、左は向原に、下山路は右に進む

29 小田山

奈良時代の高僧・行基が開いた寺にまつわる伝説の山

日帰り

こたさん
719m（1等三角点）

歩行時間＝3時間5分
歩行距離＝6・4㎞

技術度
体力度

←東広島市黒瀬町側の笹ヶ峠登山口付近から望む小田山

←展望岩から眼下に広がる黒瀬町の町並みと野呂山を望む

コース定数	＝**14**
標高差	＝439m
累積標高差（登り）	656m
累積標高差（下り）	656m

小田山は、東広島市《ひがしひろしま》黒瀬《くろせ》町と広島市安芸《あき》区阿戸《あと》町の境に位置するおわんを伏せたような山容の独立峰だ。山頂には行基が開いたと伝えられる本照寺《ほんしょうじ》跡や、その遺跡と伝えられる手洗鉢岩がある。登山ルートは安芸区阿戸町から2箇所あるが、ここでは一般的にいちばん多く利用されている東広島市黒瀬町のイラスケ登山口を起点とするコースを紹介しよう。

登山口から、広くて明るい登山道に入る。傾斜の緩い尾根道は歩きやすく、登山口から約30分で周囲が開けた**第一鉄塔**に着く。そこから明るい支尾根を進むと、雑木林の稜線の**分岐**に着く。左に行くと笹《ささ》ヶ峠へ、小田山は右に進む。すぐに急登を強いられるが、10分ほどで傾斜は緩く

■鉄道・バス
往路・復路＝バスの路線から登山口までの距離があり、不向き。

■マイカー
東広島呉自動車道黒瀬ICで降り、県道34号を熊野方面に左折する。途中からバイパスになり、約3㌔弱走ると県道33号と交差する。その直前で右折し、登山口の標識にしたがって舗装された車道を進み、200㍍ほど行くと登山口に着く。

■登山適期
入山禁止となる秋を除き、楽しめる。

■アドバイス
▽イラスケ登山口で車道は行き止まりで、広くなっている場所に5台程度駐車できる。下山口の県道335号の路肩にも数台駐車可能。
▽登山口、下山口付近にトイレはない。
▽マツタケシーズンの9月25日から11月15日まで入山禁止になっているので注意のこと。

■問合せ先
東広島市役所黒瀬支所☎0823・82・2400

■2万5000分ノ1地形図
清水原

洞所山、原山、鉾取山を望む

なり、わずかに林道の面影を残す地点から北西側に鉾取山《ほことりやま》が展望できる。

　ここまで来ると山頂は近い。**小田山**山頂は1等三角点だが、木立ちに囲まれた広場になっていて、展望はない。表示板にしたがって東側に5分も下ると**展望岩**がある。岩の上からは南側が開け、眼下に黒瀬の街並みや野《の》呂《ろ》山《さん》、灰《はい》ヶ峰《みね》などの山並みが広がる。展望岩から少し下ると、巨岩に本照寺の遺跡と伝えられる手洗鉢岩がある。

　下山は再び山頂まで登り返し、登って来た急坂を下るが、スリップには充分注意したい。**分岐**に戻ったら、鉄塔をすぎ、アップダウンを繰り返す。急坂の下りが2箇所あり、特に雨中・雨後の歩行には注意をしよう。

　やがて木立ちに囲まれた**笹ヶ峠**に着く。右に行くと阿戸町の国草《くにくさ》登山口へ、イラスケ登山口へは左に進む。やがて県道335号に出るが、この道は数メートル先で行き止まりになっている。

　右に曲がって下ると、県道34号の交差点に出る。左に行き、数メートル先で左に入ると出発点の**登山口**に戻る。

（井ノ口孝臣）

CHECK POINT

車道はここで行き止まりになっていて、車5台くらい駐車可能

稜線の分岐に出るまで2箇所の鉄塔があるが、ここは最初の鉄塔で、周囲が開けている

ここまで明るい支尾根歩きだったが、ここから深い木立ちの中を急登する

木立ちに囲まれた広場に1等三角点があるが、展望のない小田山山頂

7、8人はすわれそうな展望岩。小田山でいちばん展望のよい場所だ

県道335号、笹ヶ峠入口。ここの路肩に2、3台駐車できる

30

東西の峡谷を結ぶ快適な尾根を歩く

呉娑々宇山《ごさそうざん》

682m

日帰り

歩行時間＝4時間15分
歩行距離＝8・6km

技術度 2/5
体力度 1/5

コース定数＝19

標高差＝475m

累積標高差 ↗789m ↘986m

岩谷観音の岩峰から広島市街を望む

呉娑々宇山は、広島市街の東に位置し、雄大な山容はどこからでも仰ぎ見ることができる。麓の府《ふ》中《ちゅう》町側には水分《みくまり》峡、東の安芸《あき》区畑賀《はたか》側には水谷《みずたに》峡があり、ともに「憩の森」として整備されている。登山コースはいくつかあるが、水谷峡から登り、呉娑々宇山、高尾《たかお》山《やま》を経て水分峡に下るコースを紹介しよう。

水谷峡入口から墓地をすぎると「憩の森」の道標があり、やがて敬老広場に着く。あずまやの裏手では水車が物憂げな音を響かせている。小さな滝や奇岩に目をやりながら進むと、災害で流失した再会橋跡に着く。すぐ先でC・Dコースの分岐を見送ると休憩小屋のある**再会広場**だ。右端に登山道が続いている。

■**鉄道・バス**
往路＝JR山陽本線安芸中野駅下車。登山口まで徒歩1時間。バスはJR山陽本線海田市駅から畑賀行きの芸陽バスに乗り、隋木屋橋で下車。登山口まで徒歩30分。
復路＝みくまり峡入口バス停から広島電鉄バスで広島市街地へ。

■**マイカー**
両登山口の距離があり不向き。

■**登山適期**
通年だが、水谷峡の紅葉時がベスト。

■**アドバイス**
▽JR安芸中野駅からタクシーなら登山口まで10分。徒歩の場合は、駅前の道を左折、その先で右折して安芸市民病院を目指す。安芸市民病院の先の県道を左折して進むと瀬野川浄水場の看板があり、それにしたがうと左側に浄水場がある。その先を右折、民家の間を抜けると「水谷峡入口」の標識に出合う。ここで隋木屋橋からの道と合流し、道なりに行くと登山口に着く。

■**問合せ先**
府中町観光協会☎082・576・2908、芸陽バス☎082・892・1213、ひろでんコールセンター☎0570・550700、中野タクシー☎082・892・0311

■**2万5000分ノ1地形図**
海田市・中深川

注:広島市近郊の山は2018年7月豪雨で壊滅的な被害を受けた登山道が少なくない。2024年4月現在、復旧工事が継続中や迂回路が設けられているところもある。通行可否の事前確認が必須。

水谷峡敬老広場の水車

大日如来像を彫りこんだ大岩をすぎると急登になり、一部で登山道が不明瞭なところがあるが、注意をすれば迷うことはない。主稜線に出ると緩やかな稜線歩きとなり、左に**高尾山《たかおやま》への分岐**を見て呉娑々宇山に向かうとバクチ岩に着く。ここは絶好の展望スポットなので立ち寄ってみよう。平らな巨岩の上から眺めると、東の野呂山《のろさん》から西の東郷山《とうごうざん》まで大展望が広がる。

バクチ岩から呉娑々宇山までは25分で着く。**呉娑々宇山**山頂には電波塔があり、建屋の奥に山頂広場がある。木立ちに囲まれているが、南西方向が開け、広島湾や江《え》田島《たじま》方面が望める。

下山は**分岐**まで戻り、高尾山へ向かう。分岐から林道に下り、林道を横断して山道に入ると鉄塔に出る。道が二分するが、右手に下ると十文字鞍部だ。登り返して展望のよい鉄塔に出ると、快適な尾根歩きが**高尾山**まで続く。

高尾山からの下りの岩場は慎重に下ろう。鞍部から登り返すと360度の大展望が広がる岩谷《いわや》観音の岩峰だ。眼下に広島市街、広島湾、宮島《みやじま》、似島《にのしま》、江田島が一望できる。

岩谷観音跡から石段を下り、中国自然歩道を下ると道が二分する。左の道を下り、あずまやをすぎると**岩谷観音登山口**で、みくまり神社がある。榎川沿いの車道を下ると20分で**みくまり峡入口バス停**に着く。

（井ノ口孝臣）

イオンモール屋上から呉娑々宇山の山並みを望む

CHECK POINT

1

水谷峡入口。小滝や水車、奇岩に目を奪われる。特に秋の紅葉が美しい。敬老広場にはあずまやがある

2

渓谷の最終地点。流れに渡されていた再開橋は2018年7月の豪雨災害により流失

3

主稜線分岐に出ると、左に行けば笹ヶ峠へ、呉娑々宇山は右へ行く。緩やかな登りが高尾山分岐まで続く

4

バクチ岩は、山賊が岩の上でバクチをうったという名前の由来があるが、展望がよく絶好の休憩ポイント

5

呉娑々山山頂。電波塔建屋の東側が広場で、展望は南西方面が開け、絵下山や広島湾が望める

6

岩谷観音の水分峡入口で、前にみくまり神社がある。右に行くと水分峡をへて呉娑々宇山へ

広島市安芸区
瀬野西
大通り
みどり中央駅
217m
Goal
2024年5月1日廃止（バスに転換の予定）
スカイレール
みどり中街駅
分岐
343
高城山
496
水越峠分岐
展望は鉾取山、小田山
道標
JR瀬野駅
JR山陽本線
JR瀬野駅前バス停
上瀬野
上瀬野南
瀬野南
東広島バイパス
大藤
下切
坂山
500
514
平原登山口
平原公園
標識あり
Start
27m
JR中野東駅
中野
中野東
瀬野川中
平原橋
平原橋バス停
40
弁越
弁越峠
杉林
登山道がえぐれて足もとが悪い。ウィックスロープ設置
急登
鉾取山
休憩小屋
712
道標
展望がよくない
快適な縦走路
広島湾や広島市街一望
みはらし広場
676
休憩小屋
道標
奥之谷
伯耆谷
阿戸町
川筋
中野トンネル
蛇岩
361
成岡登山口
道標
急坂、足もとが悪い
舗装された林道の終点
山道に入る
天狗防山
512
宮島や広島湾が一望
591
急登
原山
672
洞所山
641
大迫山
638
熊野町
金ヶ燈篭山へ
三原駅へ
1:40,000

上深川駅へ
広島東ICへ
緑化植物公園
馬木
東区
羅漢岩
上温品
宇根山溜池
日浦山、絵下山、
広島湾が一望
呉娑々宇山
電波塔
682
南西側が展望
高尾山
424
岩場注意
岩谷観音
岩峰
広島市街、
広島湾一望
鉄塔
道標
鞍部
十字路
高尾山分岐
592
バクチ岩
主稜線出合
Cコース分岐
パンド岩
大日如来像
再会橋跡
再会広場
再会橋跡まで、いくつかの
滝が続く
水谷峡下降点
あずまや
尾根コース分岐
観音滝
あずまや、水車あり
敬老広場
水谷峡登山口
207m
Start
藤ヶ丸山
665
瀬野川CC
鹿子垣内
畑賀町
奥畑
木段
急坂
蓮華寺山
374
道標
中心広場
354
あずまや
88番
北谷コース
分岐
蓮華寺
道標
JR安芸中野駅
11m
貴道橋バス停
オノ瀬橋バス停
Start
Goal
みくまり神社
岩谷観音登山口
管理棟
桜ヶ丘
広島精養院
スーパー銭湯
安芸の湯
みくまり
府中町
笹ヶ峠
総社橋
みくまり峡入口
バス停
10m
Goal
水谷峡方向を
示す道標
随木屋橋バス停
随木屋橋
水谷
瀬野川浄水場
茶臼山
271
影コース
安芸市民病院
登山口の
標識がある
山田
瀬戸ハイム
甲越峠
鉾取山、原山、
洞所山が見える
急坂
影バス停
上中野橋
広島市街、広島湾
の展望がよい
展望所
258
日浦山
345
岩場
ゲンカイツツジ
Dルート
Cルート
観音公園
府中トンネル
砂走
JR山陽新幹線
浜田
柳ヶ丘
岩滝山
192
Bルートの道標
鉄塔
Bルート
Aルート
中間点の道標
大師寺
日浦山登山口
ひまわり観音
国信
展望所から上中野橋まで
45分、安芸中野駅までは55分
曽田
海田町
JR海田市駅
4m
Start
船越
堀越
南区
船越南
蟹原
呉駅へ
広島市街へ
広島市街へ

31

蓮華寺山・高城山

桜に飾られた弘法大師ゆかりの山から安芸の里山を縦走

れんげじやま 374m
たかじょうやま 496m

日帰り

歩行時間＝3時間40分
歩行距離＝7.9km

技術度
体力度

コース定数＝18
標高差＝485m
累積標高差 919m 713m

←瀬野川畔から旧山陽道の出迎えの松と蓮華寺山を望む（写真＝野間 弘）

←高城山山頂から見た坂山。安芸アルプス（坂山〜金ヶ燈篭）の東端に位置していてJR瀬野駅から登る

蓮華寺山は安芸《あき》区中野《なかの》地区と畑《はた》賀《か》地区にまたがる里山で、登山口にある蓮華寺は弘法大師の開基とされ、その由来から山名がつけられたと伝えられる。一帯は、「蓮華寺山憩の森」として整備され、高城山と結ぶ縦走路は、高城山西面の鞍部まで大きなアップダウンはなく、快適に歩くことができる。登山コースは数コースあるが、ここではJR安芸中野駅から蓮華寺山、高城山を経て、みどり坂団地のスカイレールのみどり中央駅に下るコースを紹介しよう。

JR山陽本線安芸中野駅で下

■**鉄道・バス**
往路＝JR山陽本線安芸中野駅で下車。バスは広島バスセンターから西条方面行きの芸陽バスに乗り、貫道橋バス停で下車。安芸中野駅まで徒歩10分。
復路＝みどり中央駅よりスカイレールに乗り、JR瀬野駅へ。登山口から歩けば瀬野駅まで25分。バスは瀬野駅前から広島バスセンター行きの芸陽バスに乗る。

■**マイカー**
両登山口周辺に駐車場所がないので、マイカーは不適。

■**登山適期**
四季を通じて山歩きが楽しめるが、蓮華寺山の桜の時期が最もよい。

■**アドバイス**
▽高城山からの下りの途中で道が二分する。どちらも瀬野駅に通じているが、右の道は急坂ですべりやすい。

■**問合せ先**
広島市安芸区地域起こし推進課☎082・821・4904、芸陽バス広島営業所☎082・892・1213

■**2万5000分ノ1地形図**
海田市・中深川

注：みどり中央駅〜瀬野駅間のスカイレールは2024年5月1日に廃止される。廃止後は同区間に芸陽バスが運行予定。

車、駅前の県道を渡ると左側に道標がある。それにしたがって小路を進み、竹林の階段を上がると**蓮華寺**だ。本堂左手のツバキや桜の木の前から登りはじめる。

登山道沿いに地元の人によって植えられた桜の木が並ぶなか、地蔵を1番、2番と追いながら登っていくと、88番の地蔵で北谷橋《きたたにばし》コースが合流する。さらに登っていくと右手にあずまやを見て**中心広場**に着く。ここにもあずまやがあり、桜の時期ともなれば大勢の家族連れでにぎわう。

中心広場からは、すぐ先の分岐まで進むと、左側の小高いところが**蓮華寺山**山頂だ。山頂広場の周囲は桜の木に囲まれ、鉾取《ほことり》山塊、呉娑々宇山《ごさそうざん》などの展望がよい。

高城山へは、広場から東へ向かうが、急坂ですべりやすいので、いったん分岐まで戻った方がよい。分岐から右に下るコースは豪雨災害により通行困難。高城山は直進し、鞍部まで下る。

鞍部から登り返し、428メートルの4等三角点をすぎると**水越峠**《みずこし》**の分岐**に着く。この先の鞍部からの登りがこのコースいちばんの急登だ。平坦になると道が二分し、右に行くと**高城山**山頂に着く。広場からは東が開け、瀬野の街並みや小田《こた》山《さん》、鉾取山《ほことりやま》、西に絵下山《えげさん》が展望できる。

下山は分岐まで戻り、下っていくと**道が二分**する。右のコースは急坂を下って瀬野駅へ。直進するとみどり坂団地に下り、直進して**大通り**に出て右折する。その先、交差点で左に行くとスカイレールの**みどり中央駅**に着く。

（井ノ口孝臣）

CHECK POINT

1

蓮華寺は弘法大師の開基で、広島新四国八十八ヶ所、第三十六番霊場。蓮華寺山の登山口は境内の左手にある

2

蓮華寺山山頂広場は展望もよく、広場の周囲には桜が植えられ、時期になると花見登山の大勢の登山者でにぎわう

3

蓮華寺山と水越峠分岐間の428メートルピークに設置されている４等三角点。あたりは樹木に囲まれて展望はない

4

三角形の山容をした高城山山頂は、広場になっている。近年、樹木が伐採されたため、東側が開け、小田山や坂山が展望できる

5

分岐する道は、両ルートとも瀬野駅に通じているが、右のルートは急坂が続く。スカイレールのみどり中央駅へは直進する

6

階段を下りて、少し大回りになるが、わかりやすいので直進し、大通りに出ると右折、その先、交差点を左折すると、みどり中央駅だ

＊コース図は84～85ページを参照。

32 よく整備された縦走路を「安芸アルプス」の主峰へ

鉾取山

ほことりやま
712m

日帰り

歩行時間＝4時間50分
歩行距離＝9・3km

技術度

体力度

コース定数＝22

標高差＝685m

累積標高差 ↗1037m ↘1053m

鉾取山。稜線左側は舛越峠へ、右側は676メートルピークへ

天狗防山は成岡登山口から登ると最初のピークになる

JR山陽本線瀬野《せの》駅から登り、JR呉《くれ》線矢野《やの》駅にいたる、坂山《さかやま》、鉾取山、金《かな》ケ燈篭山《とうろうざん》を結ぶ縦走路は「安芸《あき》アルプス」とよばれている。全長18キロにおよぶロングコースだ。地元のボランティアによって整備され、今では多くの登山者が訪れている。その主峰・鉾取山を目指して、平原《ひらばら》登山口から登り、成岡《なりおか》登山口に下るコースを紹介しよう。どちらの登山口も数箇所あるエスケープルートのひとつである。

JR山陽本線中野東駅《なかのひがし》の南口を出ると、正面に見える大きな山塊が鉾取山だ。駅前から平原橋、国道2号を渡って「バイク通行禁止」の看板の方向に行くと車道に出る。その先で道は二分するが、川に沿って直進すると平原公園に着く。公園東側の民家の前が**平原登山口**になる。

東広島バイパスをくぐり、階段を上がって山道に入る。薄暗い杉林を抜け、水場をすぎると再び杉林に入る。傾斜が緩くなると**舛越《ますこし》峠**だ。左は坂山《さかやま》へ。鉾取山は右に

注：2018年7月の豪雨災害により平原登山口～舛越峠間の水場付近は登山道が一部流失しているが、通行は可能。現在フィックスロープが設置されている。

向かう。やがて勾配が急になってくる。登りきって傾斜が緩くなり、右に「北まわりコース」の道標を見ると鉾取山山頂は近い。

鉾取山山頂からの展望は、山頂広場周辺の樹木がのびてあまりよくない。山頂から稜線を西に向かい、少し下って登り返すと「**みはらし広場**」とよばれる676メートルピークに着く。この山域中で最高の展望地だ。北に蓮華寺山《れんげじやま》の稜線、呉娑々宇山《ごさそうざん》、日浦山《ひのうらやま》、西に広島湾、広島市街、宮島《みやじま》や西部地区の山々が一望できる。

景色を堪能したら原山《はらやま》へ向かおう。ピークから西に下ると舗装道に出る。その道を左に少し進んで右手の山道に入ると、無線塔がそびえる**原山**山頂に着く。展望はあまりよくない。

西に向かって鞍部を登り返すと591メートルのピークで、洞所山への分岐になっている。ここは右に折れて下っていくと、約10分で**天狗防山**《てんぐぼうざん》に着く。西側が開け、広島湾が見える。

さらに足もとの悪い急坂を下っていくと**成岡登山口**に着く。道なりに下り、国道2号、山陽本線を渡ると**JR安芸中野駅**に到着する。

（井ノ口孝臣）

天狗防山山頂から海田湾、安芸の宮島を望む

676ピーク（みはらし広場）は、鉾取山塊で最高の展望地

CHECK POINT

1 平原登山口は東広島バイパスの高架下近くにある。階段を上がると山道

2 杉林を抜け舛越峠に出ると左に行けば坂山から瀬野駅へ。鉾取山は右に行く

3 鉾取山山頂広場は、整備をされたものの、樹木がのびて展望は期待できない

4 鉾取山山頂広場を取り巻くように南北の遊歩道があるが、原山へは広場で二分する道のどちらを進んでもよい

5 591メートルピークで、洞所山と天狗防山の分岐。手前の鞍部からピークを巻くコースもある

6 天狗防山の山頂は、2016年に西側の樹木が伐採され、広島湾方面の展望がよくなった

■**鉄道・バス**
往路＝JR山陽本線中野東駅で下車。登山口まで徒歩20分。バスは広島バスセンターから、西条方面行きの芸陽バスに乗り、平原橋バス停で下車する。登山口まで徒歩15分。
復路＝JR山陽本線安芸中野駅から帰途につく。

■**マイカー**
入・下山口とも利用できる駐車場所がなく、不向き。

■**登山適期**
一年を通じて山歩きを楽しめる。ヤマツツジやタムシバの花が咲く4月から5月ごろが特によい。

■**アドバイス**
▽国道2号を渡って登山口までに多数の枝道があるが、川に沿って直進する。
▽登山口から東広島バイパスをくぐって杉林を抜けると、季節によって足もとが見えないくらい草が生い茂る。

■**問合せ先**
広島市安芸区地域起こし推進課☎082・821・4904、芸陽バス広島営業所☎082・892・1213

■**2万5000分ノ1地形図**
海田市

＊コース図は84～85ページを参照。

33 日浦山

ひのうらやま
345m

広島市街地の展望台から安芸区の里山を縦走

日帰り

歩行時間＝2時間10分
歩行距離＝4・7km

技術度 ▲△△△△
体力度 ♥♡♡♡♡

コース定数 ＝10	
標高差 ＝341m	
累積標高差	↗ 445m ↘ 438m

↑日浦山山頂から広島湾を一望する。最奥に見える島々は、左から江田島、安芸小富士、宮島　(写真＝瀬尾幸雄)

←南麓から望む日浦山。岩場を経由して登るコースもあるが、危険なため、一般向きではない

↑市街地の向こうに絵下山を望む

日浦山は中世の山城跡で、広島市内からも近く、展望もよいことから、身近な山として多くの人に親しまれ、登られている。登山コースはいくつかあるが、駅からいちばん近いBルートから登り、安《あ》芸《き》区畑賀《はたが》の影《かげ》コースを下り、JR安芸中野《あきなかの》駅にいたるコースを歩いてみよう。

JR山陽本線・呉線の海田市《かいたいち》駅北側にそびえるのが日浦山で、**海田市駅**北口に出る。駅から右へ50《メートル》ほど先で家電店の看板が目に入る。その手前の小路に入って進むと、旧山陽道の一里塚の標識がある。そこから右へ約100《メートル》ほど行くと左側が大師寺《だいしじ》の入口で、ここが**登山口**だ。

145段の急な石段を上がると高野山真言宗の大師寺に着く。境内左手にある「日浦山遊歩道」の道標にしたがって石段を上がる。墓地をすぎて雑木林に入ると広島新四国ミニ八十八ヶ所の石仏が左右に並んでいる。参道を進むと、Bルートの道標があり、左の道に入る。やがて、左手の鉄塔をすぎると中間点の道標がある。

ここから2箇所の急な木段にひと汗かくと岩場になり、さらにその先の岩場を巻くと、ひまわり観音からのAルートが合流し、広々とした**日浦山**山頂に着く。眼下に

CHECK POINT

ここから150段近い石段を上がると「海田のお大師さん」とよばれる大師寺で、裏の墓地を抜けるとBルートの登山道になる

広島新四国ミニ八十八ヶ所の石仏が並ぶ参道を進むと分岐に出る。道標にしたがって左に進むと、左に鉄塔、その先に中間点がある

日浦山城跡は山頂を中心とする尾根上にあり、眼下に瀬野川河口や海田湾を望む位置に当たる。城主は、阿曽沼豊後隆郷と伝えられる

Cルート分岐。右に急な木段を下ると、観音免公園に着く。公園には古墳や県の天然記念物の大クスノキがある

旧テレビアンテナ跡地は展望所となり、鉾取山や瀬野川、中野の町並みが一望できる。広場より登山道が二分するが左の道をとる

影登山口は安芸区畑賀に位置。県道85号に面している。日浦山へのコースの中で最長のコースだ

広島市街、広島湾に浮かぶ宮島《みやじま》や安芸小富士《あきのこふじ》、極楽寺山《ごくらくじやま》、鈴ヶ峰《すずみね》、武田山《たけだやま》、南に絵下山《えげさん》、古鷹山《ふるたかやま》、北に白木山《しらきやま》が一望できる。下山は北東方向に向かう。岩の間を抜け、15分ほどいくとDルートの観音免《かんのんめん》公園へ下る分岐に着く。その先の258メートルピークは**展望所**として整備され、ベンチも設置されている。展望は東南方向の鉾取山塊《ほことりさんかい》が望める。

展望所から道が左右に分かれるが、取付の広い左の道を下ろう。途中、急坂があり、ロープが設置されている。やがて竹林を抜けて人家の間を下ると**影バス停**だ。**JR安芸中野駅**へは畑賀川を渡って道なりに行く。

（井ノ口孝臣）

■鉄道・バス
往路＝JR山陽本線・呉線海田市駅下車。登山口まで徒歩10分。
復路＝JR安芸中野駅から帰途につく。

■マイカー
登山口周辺に駐車場所がないため、マイカー登山は不向き。

■登山適期
一年を通じて登れるが、夏期は暑く避けた方がよい。4月上旬になるとアセビ、ゲンカイツツジ、ヤマザクラが咲く。

■アドバイス
▽登山コースは、本書の紹介コース以外の主なルートとして、A、Dなどがあるが、一般的には、AからB、また、その逆のコースが多く利用されている。
▽Dルートを下ると、観音免公園があり、古墳や県天然記念物の大クスノキがある。

■問合せ先
海田町役場☎082・822・2121、広島市安芸区地域起こし推進課☎082・821・4904

■2万5000分ノ1地形図
海田市

＊コース図は84〜85ページを参照。

34

絵下山

えげざん
593m

西中国自然歩道から広島市東部のランドマークの山を目指す

日帰り

歩行時間=4時間25分
歩行距離=7・5㎞

技術度

体力度

コース定数=17

標高差=587m

累積標高差 ↗645m ↘581m

↑船上からランドマークのテレビ塔が目立つ絵下山を望む

←広島湾の瀬戸を隔てた対岸に、江田島・古鷹山(左)とクマン岳(中央)を見る

絵下山は、山頂広場まで車道が通じていて、広島市街や広島湾の島々を見わたす展望スポットとして親しまれている。地上デジタルTV塔は絵下山のランドマークともいえるもので、広島湾沿いや似《にの》島《しま》、江田島《えたじま》などからもすぐにそれとわかるほど目立っている。登山コースはいくつかあるが、ここではJR小屋浦《こやうら》駅から登り、矢野天神《やのてんじん》バス停に下るコースを紹介しよう。

小屋浦駅から呉《くれ》方面に歩き、天地《てんち》川を左折する。川に沿って進み、広島県道路の高架をくぐり、その先で車道の終点手前の右側が**登山口**だ。

右の道に入り、深山《みやま》ノ滝分岐点の**二艘木《にそうぎ》峠**へ。急な木段を登りきると左に展望台があるので立ち寄ってみよう。展望台のあずまやから眼下に広島湾や瀬戸の島々が広がる。

市光山《いっこうやま》をすぎると平坦で快適な尾根道が続く。**子《ね》ノ岳《たけ》**から急坂を下り、鞍部から登り返すと木立ちの間からテレビ塔が大きく見えて

■鉄道・バス
往路=JR呉線小屋浦駅が起点となる。
復路=矢野天神バス停から広電バス向洋経由の広島バスセンター行きに乗車。JRに乗り換える場合は、JR矢野駅が最寄り駅になる。

■マイカー
両登山口が離れていて、駐車場所もなく、マイカーは不向き。

■登山適期
四季を通じて山歩きが楽しめる。冬期は降雪があっても積雪量は少ない。

■アドバイス
▽山頂一帯は、2014年に絵下山総合公園として整備され、頂上広場に案内板、あずまや、駐車場、トイレが整備された。

■問合せ先
広島市安芸区地域起こし推進課☎082・821・4904、ひろでんコールセンター☎0570・550・700

■2万5000分ノ1地形図
吉浦

注:2018年7月の水害により、登山口一帯は様変わりしていて、道標類は消失、付近は通行止めになっている。さらに新たに堰堤建設のため、2024年ごろまで通行止めが続く見込み。

くる。車道に出て、右の緩い階段を登ると展望台に着く。あずまやから瀬戸の絶景が広がる。ここから少し南に下ると、地上デジタルTV塔があり、あずまやも建っている。

絵下山の最高点へは、往路を少し戻り、車道を5分ほど下ると登り口がある。「絵下山近道」の標識を見て小道に入ると5分で**絵下山**山頂に着く。

山頂には大きな岩があり、周辺の樹木は伐採されているので、東側の展望が開け、小田山《こたさん》、野呂山《のろさん》、灰《はい》ヶ峰《みね》が一望できる。

下山は往路を戻り、車道を歩いて頂上広場へ向かう。**頂上広場**にはトイレやあずまや、駐車場が整備されている。山頂の大石の上に4等三角点がある。広場からの展望は、さすが展望スポットで、眼下に広がる広島湾や瀬戸の島々が美しい。

頂上広場からは、トイレ建屋前の標識を見て、北方の尾根を下る。急な木段が続くので注意して下ろう。**発喜山**《ほっきやま》をすぎると、毛利氏に敗れた野間氏を祀った野間《のま》神社がある。**矢野**《やの》**城跡**をすぎ、赤い**たかのみや歩道橋**を渡って下ると**矢野天神バス停**に着く。　（井ノ口孝臣）

展望台から安芸小富士（左端）、広島市街を展望する

CHECK POINT

1 右側が絵下山登山口。道の先に新しい堰堤ができた

2 二艘木峠は、小松尾山、深山ノ滝、絵下山への要所

3 絵下山山頂は、頂上広場と比較すると、訪れる人は少ない

4 展望台からは、眼下に瀬戸の大パノラマが広がる

5 絵下山公園頂上広場。中央の大石に4等三角点がある

6 野間神社は、毛利氏に敗れた野間氏を祀る

35

天狗岩

てんぐいわ
370m

「悠々健康ウォーキング」の坂町の展望地を歩く

日帰り

歩行時間=2時間45分
歩行距離=5・7km

技術度
体力度

コース定数	=13
標高差	=361m
累積標高差	↗624m ↘627m

安芸《あき》郡坂《さか》町内には数ルートの遊歩道が整備されていて、天狗岩もそのひとつだ。コース上には展望台やトイレも設置されている。JR小屋浦《こやうら》駅から天地《てんち》ヶ峠を経て登るコースがあるが、ここではJR坂駅を起点に、頭部《ずぶ》ルートを登り、天狗岩ルート、西谷《にしたに》遊歩道を経て、小屋浦駅に下るコースを紹介しよう。

坂駅前を右へ少し行くと、電柱に「頭部ルート登山口」の表示板がある。表示板にしたがって民家の間の小路に入ると墓地に出る。そこを抜けると舗装された遊歩道

←みはらし公園展望台より広島市街を展望する

←天狗岩

天狗岩山頂より広島市街を展望

■**鉄道・バス**
往路=JR呉線坂駅が起点となる。復路=JR呉線小屋浦駅から帰途につく。

■**マイカー**
登山口周辺に駐車場所がなく、往路・復路ともJRの利用が便利。

■**登山適期**
一年を通して登れるが、夏期は暑く、避けた方がよい。冬期の日だまりハイキングもおすすめだ。

■**アドバイス**
▽坂駅で下車し、駅前から左右どちらの道に行っても墓地で合流する。左の道の登山口に標識はないが、右の登山口には電柱に表示板があるので、見落とさないように注意をすること。
▽墓地をすぎて、みはらし展望台までの一部で、コンクリート舗装の遊歩道に苔が生えてすべりやすいところがある。要注意。

■**問合せ先**
坂町役場生涯学習課☎082・820・1525

■**2万5000分ノ1地形図**
海田市・吉浦

CHECK POINT

JR坂駅前より少し右に行くと、頭部ルート登山口。小路に入り、民家の間を抜けて墓地へ進む

▼

みはらし公園にはトイレもあり、展望台からは眼下に広島湾、似島、安芸の宮島などの大展望が広がる

▼

せんこう頭部の広場から、東に鉾取山塊、絵下山、西に広島湾が広がる。天狗岩へは南に行く

▼

巨岩が並ぶ山頂にはベンチや案内板があり、似島や安芸の宮島、遠く芸北の山々も展望できる

▼

稜線より急な木段を下ると西谷遊歩道の入口で、左に行くと小屋浦いこいの森がある

に合流し、やがて周囲が開けると**頭部みはらし公園**に着く。園内にはりっぱな展望台やトイレがあり、展望台に上がると、眼下に坂の街並みや広島市街、広島湾や瀬戸の島々の大展望が広がる。

景色を堪能したら天狗岩へ向かおう。遊歩道を南に向かい、左にあずまやを見て下ると上条口《かみじょうぐち》だ。ここでJR水尻《みずしり》駅から登る水尻ルートが合流する。

民家の脇の標識にしたがって進むと天狗岩遊歩道入口に着く。木段を登ると平岩《ひらいわ》に着く。絶好の展望ポイントなので立ち寄っていこう。平らな岩の上から眺めると、眼下に島々の間を縫って進む船の航跡、宮島、似島《にのしま》の安芸小富士《あきのこふじ》、江田島《えたじま》の古鷹山《ふるたかやま》、広島市街の大展望が目前に展開する。

平岩をすぎると、その先のピークが**せんこう頭部**で、広場から東側に鉾取《ほことり》山塊、西側に広島市街が望める。

ピークを下ると、天地ヶ峠の分岐で、ここから天狗岩まで10分の道程だ。目前に大きな岩が現れると**天狗岩**山頂に到着する。西側の展望がよく、遠く芸北《げいほく》の山々も見ることができる。

山頂から階段を下ってピークを越え、さらに229《メートル》ピークの手前で急な木段を下ると**西谷遊歩道の入口**だ。右に下り、車道を横切って民家の間の小路を抜けると**JR小屋浦駅**に着く。

（井ノ口孝臣）

36 歴史ロマンの道をたどり、山頂からの展望を満喫する

武田山・火山

たけだやま　411m
ひやま　488m

日帰り

歩行時間＝3時間35分
歩行距離＝6.8km

技術度
体力度

コース定数	＝17
標高差	＝480m
累積標高差	794m / 615m

太田川より眺めた火山（左）と武田山（右）

武田山山頂。広島市内が箱庭のように見える

広島市中心部の北西に、武田山から火山、丸山《まるやま》、大茶臼山《おおちゃうすやま》へと続いている山並みがある。「武田山」の山名は、鎌倉時代、安芸《あき》国の守護であった武田氏が築いた山城があったことに因んでいるようだ。この山城は銀山城《かなやまじょう》とよばれ、周囲には城跡などの史跡が多く残っていて、市民有志により整備・保全活動が行われている。

この武田山と火山を結んで歩いてみよう。JR安芸長束《あきながつか》駅、JR古市《ふるいち》駅、アストラムライン上安《かみやす》駅などからいくつもの登山コースがあるが、ここではJR可部《かべ》線下祇《しもぎ》園《おん》駅からのコースを紹介する。

下祇園駅から広島側の踏切を渡り、まっすぐ進む。交差点を渡り、スーパーストアの前をすぎ、右に折れると武田山憩いの森や銀山城跡の案内板があるので、それにしたがって進むと**武田山憩いの森**に着く。トイレもあるのでひと息入れよう。あずまやも建っていて、桜の咲く時期はにぎわいを見せる。

憩いの森からはすぐに**登山口**となり、武田山ルート案内図がある。大手道分《おおてみちわか》れに出るコースと祇園北高校分れに出て登るコースがあるが、緩やかに登る祇園北高校コースを歩いた方が楽に歩ける。

■**鉄道・バス**
往路＝JR可部線下祇園駅が起点となる。
復路＝広島交通春日野北バス停から広島駅行きに乗車する。なお、逆コースの場合は広島駅南口のバスBホームから広島交通春日野行きに乗車して春日野北バス停で降りる。

■**マイカー**
駐車場は武田山憩いの森側しかないので、マイカーの場合は、武田山・火山を往復することになる。駐車場までは道幅が狭いところがあるので注意したい。

■**登山適期**
年間を通して楽しめる。春のミツバツツジや桜の時期は特にすばらしい。

■**アドバイス**
▽トイレは武田山憩いの森にあるだけ。
▽時間に余裕があれば武田氏ゆかりの寺院や、武田一族郎党の墓をめぐるとよい。
▽権現峠から沼田側に下りてもよい。アストラムライン大原駅まで1時間20分ほどで下ることができる。

■**問合せ先**
広島市安佐南区役所地域起こし推進課☎082・831・4926、広島交通バス本社☎082・238・7755

■**2万5000分ノ1地形図**
祇園

登山口から35分あまりで馬返しに着く。この先は馬が使えないくらい急で険しくなるので、馬返しとよんだらしい。少し急な登りとなり、銀山城の入口であった御門跡に着く。その先が本丸があったといわれる千畳敷だ。さらに7分ほど歩けば**武田山**山頂に到着する。すばらしい展望で、広島市街、白木山《しらきやま》、呉娑々宇山《ごさそうざん》、野呂山《のろさん》、江田《えた》島《じま》、広島湾を望むことができる。

火山へは尾根を西に向かって進む。弓場跡をすぎると急な下りとなり、安《やす》・鹿《しし》ヶ谷《たに》分岐をすぎるとやがて**水越峠**《みずこし》に着く。ここから火山にかけて急登が続き、登りきったところが**火山**山頂だ。三角点と「皇紀二千六百年記念」の石柱が立っている。展望はすばらしく、東に牛田山《うしたやま》、呉娑々宇山、二《ふたつ》ヶ城《じょう》山《ざん》、西に窓《まど》ヶ山《やま》、大峯山《おおみねやま》などが見える。頂上からは西に少し下ると大きな石畳があり、展望がよい岩が2箇所ある。真下に春日野台《かすがのだい》の団地や火山、丸山が見える。

展望を楽しんだら下山にかかろう。尾根道を西進していくと、やがて**権現峠**《ごんげん》に着く。直進すると丸山、大茶臼山方面、右に進むと沼《ぬま》田《た》町だが、ここでは左折する。下山口の**春日野北バス停**へは30分弱で到着する。

（廣田忠彦）

祇園町から見た武田山

CHECK POINT

❶ 石積が残る御門跡。銀山城に出入りする門があった

❷ 武田山山頂。銀山城の説明板あり

❸ 火山山頂の三角点。大きな団地の先に広島湾が見える

❹ 四方向に道が分岐する権現峠。左に折れて下山する

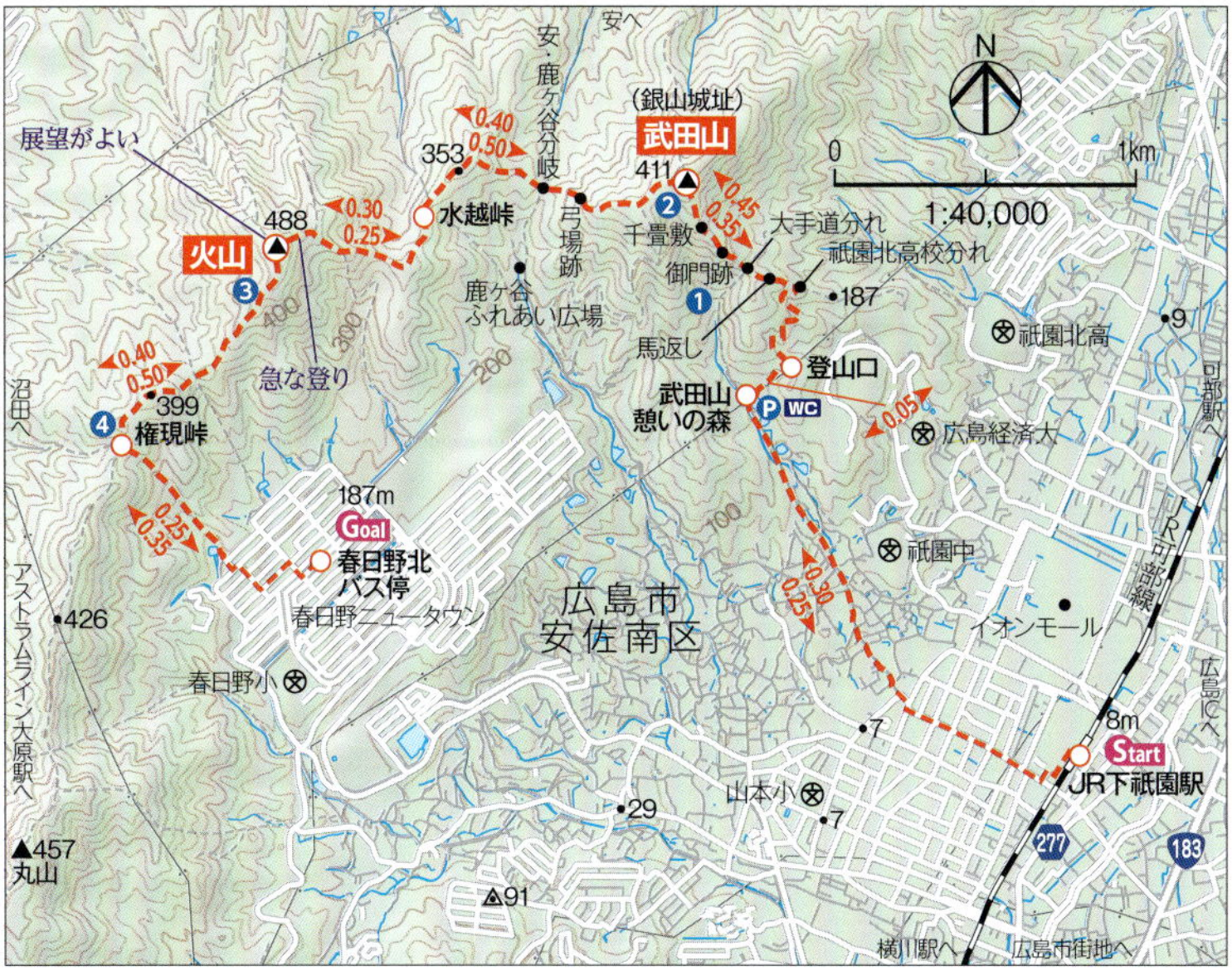

37

里山から広島市街地と瀬戸内などの大展望を楽しむ

宗箇山（三滝山）

そうこやま（みたきやま）
356m

日帰り

歩行時間＝2時間15分
歩行距離＝4・9㎞

技術度
体力度

コース定数＝10

標高差＝348m

累積標高差 ↗421m ↘421m

広島市太田川放水路から宗箇山を望む。手前が大原山、その奥中央の山が宗箇山（写真＝野間 弘）

展望所からの景色

広島市街と瀬戸内を展望

　宗箇山は広島市街地にある山で、別名「三滝山」ともよばれ、市民に親しまれている。「宗箇山」の名は、広島藩主浅野家に仕えていた武将であり、茶人でもあった上田宗箇が広島城下につくった茶室の借景として、大きなアカマツをこの山に植えたことからよばれるようになったという。

　登山口まではバスを利用して終点の三滝観音で下車するか、JR可部《かべ》線三滝駅から三瀧寺まで歩く。AコースとBコースがあり、ここではAコースを登り、山頂からBコースを下山するコースを紹介しよう。

　三瀧寺参道入口の石段を上がると、トイレの手前に「観音本堂左へ」の石柱がある。これにしたがって鐘楼をすぎ、参道を進むと**三瀧寺本堂**に着く。真言宗の古刹で、境内には原爆犠牲者供養のために移設されたという多宝塔があり、県の無形文化財に指定されている。秋には紅葉がすばらしく、訪れる人が多い。

　本堂のうしろに登山口がある。すぐに堰堤の手前に三滝Aコースの案内板が出てくる。堰堤を越え、谷沿いに杉林の道を進むが、少しわかりにくいところもあるので注意して歩こう。

　杉林を抜けると急坂の竹林が続き、抜けると明るくなり、鉄塔がある広場に着く。右前方に宗箇山が見える。

　鉄塔をすぎると緩やかな登りと

■**鉄道・バス**
往路・復路＝広島バス三滝行きに乗り、終点の三滝観音で下車する。参道入口まで約5分。鉄道を利用する場合はJR可部線に乗り、三滝駅で下車する。参道入口まで約15分。

■**マイカー**
駐車場がないため、バスもしくはJRの利用が一般的。

■**登山適期**
一年を通じて登山できるが、4月の桜、5月のツツジ、11月の紅葉の時期がよい。

■**アドバイス**
▽私有地や三瀧寺参拝者用の場所への駐車は厳禁。
▽三瀧寺は17時に閉門となるので、それまでに登山は終えよう。
▽三滝少年自然の家を経由して三滝に帰る場合は、宗箇山山頂から約1時間30分かかる。

■**問合せ先**
広島市西区役所地域起こし推進課☎082・532・0927、広島市三滝少年自然の家☎082・238・6301、広島バス☎0570・017・960

■**2万5000分ノ1地形図**
広島・祇園

CHECK POINT

1 三瀧寺参道入口。左にとると鐘堂があるAコースである

2 弘法大師とかかわりのある三瀧寺本堂。登山道は本堂裏側

3 高峠山と宗箇山分岐。左に行くと高峠山を経て三滝少年自然の家

4 周辺の山や瀬戸の島々の展望が楽しみな宗箇山山頂

5 ふたご大岩。広島市外や広島湾を眺めながらひと休みしていこう

6 堰堤を左側から越えて、谷に沿って下っていく

なり、まもなく**宗箇山と高峠山**《たかとうやま》（少年自然の家コース）**の分岐点**となる尾根に出る。ここを右に進むとすぐに道が2つに分かれるが、左の方が歩きやすく、途中に展望所もあり、瀬戸内を望むことができる。

竹林、リョウブ、コナラなどが見られる尾根を進むと、短い距離だが急登となる。ここをすぎると**大茶臼山**《おおちゃうすやま》**・丸山**《まるやま》への分岐に着く。宗箇山へはまっすぐ進むと、比較的平坦な道が頂上まで続いている。

宗箇山頂上は標高こそ低いものの、すばらしい展望で、呉娑々宇《ごさそう》山《ざん》、鉾取山《ほことりやま》、野呂山《のろさん》、江田島《えたじま》、宮《みや》島《じま》、瀬戸内の島々など、大パノラマが広がる。

下山はBコースを下る。山頂東側にある4代目宗箇松で右に分岐する道だ。急な下りだが、よく整備されている。途中の**ふたご大岩**からは広島市街地や広島湾が望めるのでひと息入れていこう。

鉄塔を右に見て進むと広い道路になり、さらに下っていくと堰堤が見えてくる。道は堰堤の手前左側にある。ここをすぎ、谷に沿って歩くとすぐに**三瀧寺参道入口**に着く。

（廣田忠彦）

38

展望がよく、アクセスも便利なファミリー登山に最適な山

鈴ケ峰

すずがみね
312m（最高点＝320m／西鈴ケ峰）

日帰り

歩行時間＝2時間5分
歩行距離＝4・5km

技術度 体力度

コース定数	＝9
標高差	＝311m
累積標高差	357m / 362m

標高205メートル付近から西鈴ケ峰を望む

鈴ケ峰は広島市の西側に位置し、西区《にし》と佐伯区《さえき》との境界上にある。低い標高だが、展望はすばらしく、広島市街、広島湾、瀬戸内海、宮島弥山《みやじまみせん》、極楽寺山《ごくらくじやま》、窓ケ山《まどやま》、十方山《じっぽうざん》などを見ることができる。山麓近くをJR山陽本線《さんよう》、広電宮島線、路線バスが走り、交通が便利なため、家族を含め、多くの登山者に人気がある山だ。地元民による公園整備や登山道整備が行なわれていることも人気のある理由になっているのだろう。特に桜の季節は、登山後に鈴が峰公園でお花見をする登山者も多い。

登山口は八幡《やはた》東登山口、美鈴《みすず》ケ丘《おか》西登山口、鈴ケ峰登山口、鈴ケ峰公園登山口など7箇所あまりあるが、人気のある八幡東登山口から鈴ケ峰登山口のコースを歩いてみよう。

下にはゴルフ場、うしろには極楽寺山が見える

アセビの花の中を歩く

JR五日市《いつかいち》駅下車、駅北口から山《やま》田《た》団地行きバスに乗り、**八幡東小学校前バス停**で下車する。すぐ近くの横断歩道を渡り、自動車販売会社の横を山手の方に進んで右折する。50メートルほど行くと左が八幡東登山口だ。

■**鉄道・バス**
往路・復路＝JR山陽本線か広島電鉄電車で五日市駅または新井口駅で下車する。五日市駅で下車した場合は駅北口から広島電鉄山田団地行きバスに乗り、八幡東小学校で下車。

■**マイカー**
登山口周辺に駐車場はないので、公共交通機関を利用して登山することになる。

■**登山適期**
年間を通して楽しめる。元旦の初日の出に登る登山者も多い。春はツバキ、アセビ、スミレ、コバノミツバツツジ、桜などが咲く。なかでも鈴ケ峰公園の桜がみごと。

■**アドバイス**
▽トイレは鈴ケ峰公園登山口のみ。
▽五日市・山田団地のバス便は1時間に1本ぐらいしかない時間帯がほとんどなので、縦走する場合は八幡東側から登った方がよい。
▽鈴ケ峰公園から登った場合は、鈴ケ峰頂上まで登りが約30分、下りが25分ほど。

■**問合せ先**
広島市西区役所地域起こし推進課☎082・532・0927、ひろでんコールセンター☎0570・550700

■**2万5000分ノ1地形図**
広島

少し登ると雑木林から松林になり、右に宮島、背後に極楽寺山が見える。さらに進むとゴルフ場も見えてくる。第二鉄塔をすぎ、西鈴ヶ峰手前の**標高205メートル地点**に来ると展望がよいのでひと休みしていこう。ここを下るとすぐに鞍部の左側に「美鈴が丘一丁目へ約13分」の標識がある。鈴ヶ峰へはコースの中で最も急な道をまっすぐ登っていくと、やがて2等三角点のある**西鈴ヶ峰**に到着する。

広島湾に浮かぶ似島、能美島などの島々を望む

ひと休みしたら鈴ヶ峰に向かおう。少し下って登り返すと**鈴ヶ峰**山頂である。360度の展望で、呉《くれ》方面、四国・愛媛県方面の案内板があるので、照合しながら風景を楽しむとよい。特に瀬戸内の多島美がすばらしい。

下山は東側に行くと鈴ヶ峰公園登山口に、南側に行くと憩の森がある鈴ヶ峰登山口に下る。ここでは南側の鈴ヶ峰登山口に下りるコースを行ってみよう。約300メートル下るとウグイス園地とヒヨドリ園地の分岐に出る。どちらを歩いてもよいが、ヒヨドリ園地の方が少し短い。**鈴ヶ峰登山口**から井口台《いのくちだい》中学校横を通り、**JR新井口《しんいのくち》駅**に出る。

（廣田忠彦）

CHECK POINT

八幡東登山口。雑木林の中を歩く

すばらしい展望の鈴ヶ峰山頂

ウグイス園地、ヒヨドリ園地分岐

鈴ヶ峰登山口

39 モミの自然林に包まれた霊山。瀬戸の島々を一望する

極楽寺山

ごくらくじやま
693m

日帰り

歩行時間＝4時間5分
歩行距離＝8・5km

技術度 ★☆☆☆☆
体力度 ★☆☆☆☆

コース定数	＝**17**
標高差	＝683m
累積標高差	↗ 690m ↘ 648m

極楽寺山は瀬戸内海国立公園内にあり、モミの自然林やアカガシ、ツクバネガシなどの大木が見られ、霊山を感じさせる山だ。境内にある展望所からは、宮島《みやじま》をはじめ瀬戸内の島々を望むことができる。登山コースはいろいろあるが、

廿日市市下平良から極楽寺山を望む

ここでは平良《へら》コースを紹介しよう。**JR山陽本線廿日市《はつかいち》駅**南口から宮島方面に進む。すぐに右に折れ、山陽《さんよう》本線の踏切を渡る。交差点にあるコンビニエンスストア前を左に曲がり、続いて業務用スーパーの角を右折する。

しばらく行くと西広島バイパス道の平良第三号トンネルに着く。極楽寺登山口という案内板があり、この先が**平良登山口**で、右側に極楽寺山登山口の案内板がある。民家の横に沿って歩くと、まもなく山道になる。すぐに「極楽寺まで110分」の案内板がある。やがて山陽自動車道の高架歩道橋の**極楽寺橋**を渡る。ここからすぐに展望所があるので瀬戸内の景色を見ながらひと息ついていこう。この先、しだいに石段など、急な登りを歩くようになる。

「極楽寺あと60分」、さらに「極楽寺あと40分」の案内板を通過すると、まもなく26丁の石標の横に祠がある。すぐ先が展望所になっていて、瀬戸内や広島市街の展望がすばらしい。ほどなく、原、平良、極楽寺山の道標がある**原分岐**に出合う。ここからは山腹を横切るような道となり、山門に到着する。

山門をくぐり、石段を登ると**極楽寺**本堂だ。一帯ではモミの自然林やアカガシ、ツクバネガシの大木が見られる。

展望台からは宮島をはじめとして広島湾や瀬戸内の山々を一望することができる。極楽寺山の最高地点に行く場合は、本堂横を進み、参道を駐車場に向かって歩く。駐

■鉄道・バス
往路＝極楽寺山へは公共交通機関を利用した方が便利。JR廿日市駅か広電廿日市駅が最寄り。
復路＝広島工大上バス停から広電バスに乗り、JR五日市駅へ。

■マイカー
登山コースはたくさんあるが、駐車できるコースは少ない。三宅側の登山口は道路端に駐車は可能。マイカーで山頂近くの極楽寺駐車場まで行くこともできる。

■登山適期
一年を通じて楽しめる。春の桜は4月下旬、6～8月ごろには蛇の池のスイレンが咲く。秋の紅葉は11月中旬～下旬。初日の出に登る人も多い。夏はキャンプも楽しい。

■アドバイス
▽三宅コースと宮島サービスエリアからのコースは、マイカーが利用できるため、訓練登山として毎日往復登山している人もいる。
▽山頂一帯は憩いの森となっているので、蛇の池周辺を散策してもよい。

■問合せ先
廿日市市役所観光課☎0829・30・9141、はつかいち観光協会☎0829・31・5656、ひろでんコールセンター☎0570・550700

■2万5000分ノ1地形図
廿日市

CHECK POINT

右に極楽寺山への案内板がある。見すごさないように

▼

原分岐。左が原、極楽寺山へは右に山腹を巻くように歩く

▼

仁王門入口。急な石段を登ると極楽寺はすぐそばだ

▼

極楽寺の展望所。広島市街や瀬戸内の景色が美しい内板がある

▼

極楽寺山最高地点の展望広場。展望はあまり望めない

▼

三宅側下山口（登山口）。ゴルフ場の横を歩いてバス停に出る

展望所からの廿日市市街を俯瞰する

県指定重要文化財の極楽寺本堂

車場のすぐ横をＵターンするような感じで、木の階段を１００メートル歩くと**極楽寺山**山頂の展望広場に着く。展望はよいとはいえないが、あずまやが建っているので、休憩するにはよいところだ

下山は仁王門まで引き返し、左の中国自然歩道五日市《いつかいち》三宅《みやけ》コースを下ろう。急なハシゴの階段を下ると、まもなくＪＲの反射板と**あずまや**に着く。石段の急坂が続き、階段を下り、小さな谷を渡ると登山口は近い。分岐点の左側を歩くと橋を渡り、舗装路に出る。ここが**三宅《みやけ》側登山口**だ。ここからまっすぐ舗装路を歩き、ゴルフ場に沿って下ると**広島工大上バス停**に着く。

（廣田忠彦）

40 東郷山

とうごうざん
977m

四本杉とブナの森が深山の趣きをかもしだす

日帰り

歩行時間＝3時間25分
歩行距離＝8・0km

技術度 ■□□□□
体力度 ■□□□□

コース定数	＝15
標高差	＝607m
累積標高差	↗611m ↘611m

湯の山温泉の上、岩淵山から東郷山を望む（写真＝野間 弘）

東郷山は広島市北部の佐伯《さえき》区湯来《ゆき》町と安佐南《あさみなみ》区沼田《ぬまた》町の境にある山で、広島市では大峯山《おおみねやま》、湯来《ゆき》冠山《かんむりやま》に次いで標高の高い山である。北側には「全国の森の巨人たち100選」に広島県で唯一選ばれた四本杉をはじめ、ツガやブナの大木の森があり、広島市に属しながら深山の趣きを感じさせる。

登山コースは伏郷《ふしごう》、戸山《とやま》、湯《ゆ》ノ山《やま》側などから開かれているが、一般的によく利用されている伏郷からの往復コースを紹介しよう。湯来町伏郷の**大森神社**から歩きはじめる。道路沿いに白井《しらい》の滝入口の標識があるので、これにしたがって舗装道路を北東方向に1キロ歩くと、左側に**白井の滝**がある。

さらに進んでいくと、左に四本杉や東郷山全体の案内板が立っている。**東郷山登山口**で、ここから山道になり、谷沿いに平坦な杉林を行く。やがて出合う分岐点は右折する。しだいに傾斜が増してくるが、ほぼ同じような勾配が山頂まで続く。**第一鉄塔**下を通り、山頂まで3つの鉄塔下を通過するが、6月には**第二、第三鉄塔**の周囲でササユリの花を見ることができる。また登山道沿いにはイチヤクソウの花も咲いている。

登り着いた**東郷山**山頂は2等三角点だが、狭い上に、木々が成長して眺望もよくない。休み終えたら往路を下山することにしよう。

なお、山頂北側には四本杉やツガ、ブナなどの美しい森がある。山頂に四本杉への案内標識があり、それにしたがって、北側に進み、分岐を左折して道が続いているが、すぐに悪路となる。踏跡がなくなっていたり、やぶで歩きにくいところもある。標高差は200メートルほどで、往復1時間以上かかるので、初心者だけでは進入しないこと。山頂北側の尾根を少し歩くだけでも充分に深山を感じることができる。

（廣田忠彦）

■**鉄道・バス**
往路・復路＝JR五日市駅南口から湯来温泉行き広電バスがあり、伏郷の大森バス停で下車する。

■**マイカー**
西広島バイパス上平良か山陽自動車道宮島スマートICで降りて、国道433号を北上、伏郷の大森神社前に駐車場とトイレがある。

■**登山適期**
一年中よいが、積雪期や雨天時にはスリップに注意。

■**アドバイス**
▽登山道に入って谷沿いの道は大雨が降ると川のようになるので要注意。
▽白井の滝は上流部の約20メートル下に下り口がある。
▽熊対策として鳴り物をもって歩くこと。

■**問合せ先**
広島市役所佐伯区役所地域起こし推進課☎082・943・9704、ひろでんコールセンター☎0570・550700

■**2万5000分ノ1地形図**
川角

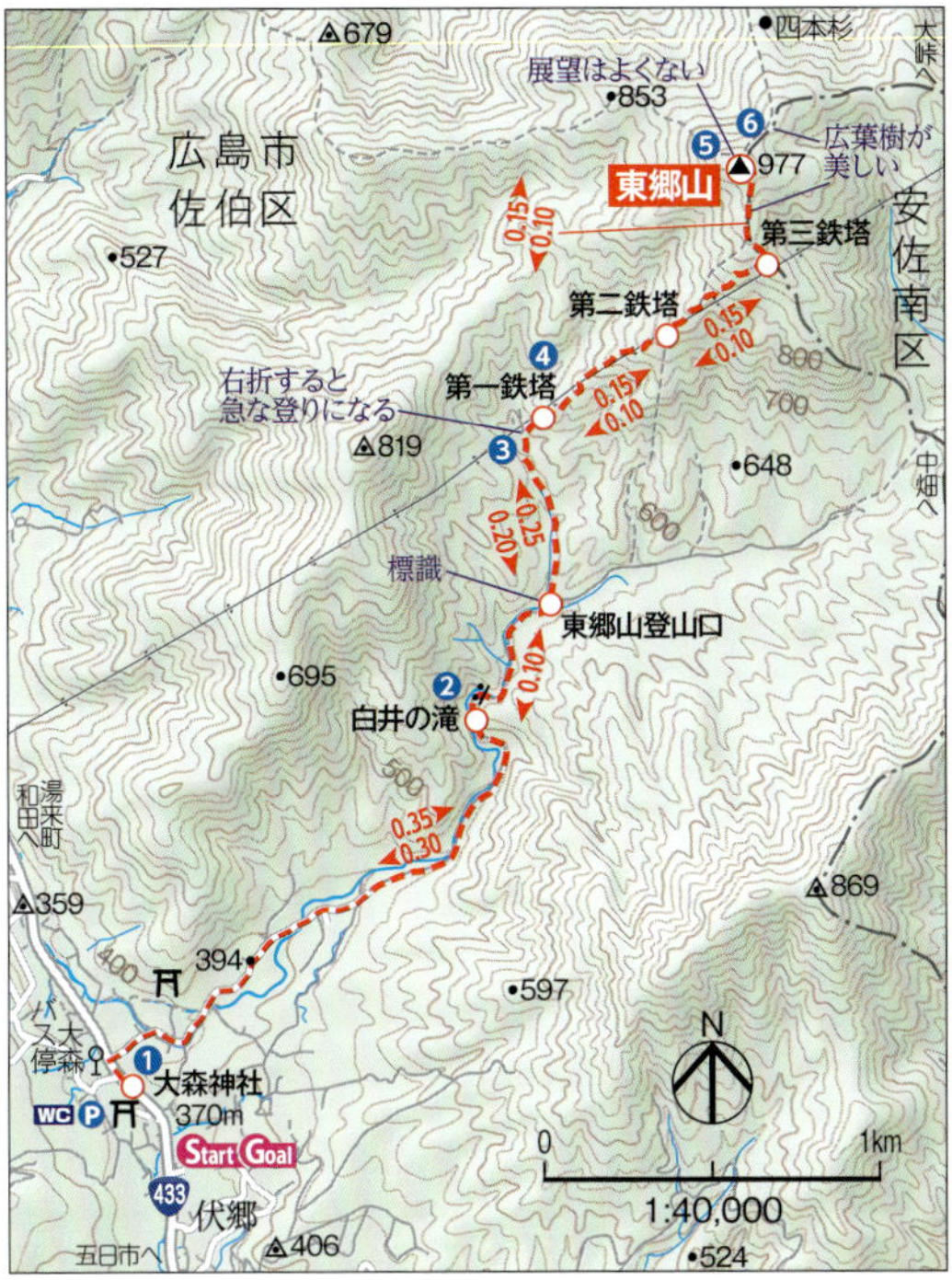

樹齢400年といわれる四本杉。道がわかりにくいので経験者同行のこと

CHECK POINT

1 大森神社前に白井の滝への標識がある。農村風景の道をしばらく進む

2 白井の滝上流部。少し下がったところに白井の滝下り口がある。道が狭いので注意

3 分岐点を右に進むと、しだいに傾斜が増して、急登になってくる

4 第一鉄塔そばの標識。東郷山山頂まで1.6キロ、林道登山口まで400メートル。急登が続くのでひと息入れよう

5 東郷山山頂。樹林に囲まれているため、展望は得られない

6 東郷山山頂北側にはブナなど広葉樹の美しい森がある。少し先には四本杉への下り口がある

41

自然観察の森散策とおむすび岩の展望を楽しもう

大野権現山《おおのごんげんざん》

700m

日帰り

歩行時間＝3時間
歩行距離＝6・5㎞

技術度

体力度

コース定数＝**11**

標高差＝262m

累積標高差 347m 347m

歩いてきた大野権現山。そのうしろに羅漢山が見える

「権現山」という名のつく山は、県内に10箇所以上ある。そのため、吉和《よしわ》冠山《かんむりやま》や可部《かべ》冠山《かんむりやま》同様、地域の名前を冠して「大野権現山」とよんでいる。県西部、廿日市《はつかいち》市大野地区と峠《とうげ》地区の境にある山で、東側に烏帽子岩《えぼしいわ》、船倉山《ふなくらやま》が続いている。南側山麓にあるベニマンサク湖畔にはベニマンサクの群落があり、広島県の天然記念物に指定されている。全国的にも珍しい群落といわれ、10月中旬ごろの紅葉時期には赤く染まり、大勢の人が訪れる。このベニマンサク湖周辺はおおの自然観察の森となっていて、観察小屋やシジュウガラの小径、ルリタテハの小径、カブトムシの小径、ベニマンサクの小径などの散策道がある。

おむすび岩からの展望。ベニマンサク湖、瀬戸内海、宮島が見える

登山コースは峠側とベニマンサク湖のある大野側からとがあるが、歩きやすい大野側から登り、権現山〜おむすび岩〜ベニマンサク湖に帰ってくる一周コースを案内しよう。

おおの自然観察の森駐車場から約200メートル歩くと、おおの自然観察センターがある。水鳥観察用の望遠鏡が設置され、ここで見られる花木の写真やさまざまな資料が展示されているので立ち寄っていこう。

湖畔に沿って約10分歩くと**おおすび岩分岐**に出合う。まっすぐ湖畔に沿って進むと、あずまやがあり、右に**権現山登山口**の標識が立っている。歩きやすい山道を登っていくと桧林となり、ほどなく**権現山とおむすび岩の分岐**となる。左折して権現山に向かう。はじめは山腹を横切るように歩くが、しだいに岩が多くなり、急登となる。

登りきると祠のある**大野権現山**山頂だ。頂上の大岩に上がると、北に大峯山《おおみねやま》、南に傘山《かさやま》がよく見える。

おむすび岩へは**権現山とおむすび岩分岐**まで戻り、まっすぐ進む。途中、標高差60メートルの木の階段があり、ややきついが、あとは楽に歩

■**鉄道・バス**
往路・復路＝JRを利用する場合は山陽本線大野浦駅で降車して、タクシーで約20分。バスは利用できない。
■**マイカー**
広島岩国道大野ICから新幹線高架を宮島方面に200メートル行き、おおの自然観察センターの標識にしたがって中津岡川沿いを走り、帆柱峠で右に曲がっておおの自然観察の森駐車場へ。途中道幅が狭いので注意して走行すること。

ける。烏帽子岩・船倉山の分岐を見て右側に進むと、まもなく**おむすび岩**に到着する。眼下にベニマンサク湖が見え、右に目をやると歩いてきた大野権現山やその背後に羅漢山《らかんざん》、正面に宮島《みやじま》、瀬戸内海、左側に広島市街と、すばらしい展望だ。

ベニマンサク湖へは、おむすび岩の左側を下りる。最初は急な下りで、その先は雨で登山道が荒れているところもあるので、ゆっくり歩こう。ベニマンサク湖が近くなるとルリタテハの小径に出る。すぐに分岐に出合い、ミズゴケの小径へ進む。すべりやすいところもあるので、注意しながら歩こう。やがて登りで見送った**おむすび岩分岐**で、ベニマンサク湖畔に出て、往路を引き返せば、**自然観察センター**に帰り着く。

（廣田忠彦）

CHECK POINT

1 おむすび岩分岐。権現山登山口は左に進む

2 権現山とおむすび岩分岐。山腹を巻くように歩く

3 権現山近くから岩が現れる。ロープも設置されている

4 大野権現山山頂。すぐ横に崩れかかった祠がある

5 ルリタテハの小径からすぐミズゴケの小径に入る

6 ミズゴケの小径を抜けると学習広場に到着する

■**登山適期**
ベニマンサクが紅葉する10月中旬がベストだが、この時期以外にもさまざまな動植物を見ることができる。春には桜、バイカオウレン、マムシグサ、オオイワカガミ、コバノミツバツツジ、ツクバネソウ、ウツギ、ウスギヨウラク、6月から7月にかけてはカキラン、オカトラノオ、コアジサイ、ノアザミ、バイカツツジ、ササユリ、ミゾソバ、ナンバンギセル、夏にはサギソウ、ミヤマママコナ、キンミズヒキ、夏から秋にかけてはサワギキョウ、コウヤボウキ、ツルリンドウ、アケボノソウ、リンドウ、ツルニンジン、ツリガネニンジンなど。

■**アドバイス**
▽トイレは駐車場と自然観察センターにある。
▽おおの自然観察の森駐車場は16時30分に閉鎖されるので、下山時間に注意のこと。
▽自然観察の森はペットを連れて入ることは禁止となっている。

■**問合せ先**
廿日市市役所大野支所☎0829・55・2000、おおの自然観察センター☎0829・55・3000、カープタクシー☎0829・55・1111

■**2万5000分ノ1地形図**
厳島・廿日市・津田・玖波

42

大峯山

おおみねやま
1050m

広島市の最高峰から西中国山地のパノラマを楽しむ

日帰り

歩行時間＝3時間5分
歩行距離＝4・4㎞

技術度

体力度

コース定数＝**13**

標高差＝548m

累積標高差 ↗606m ↘606m

南麓、廿日市市玖島地区から見る大峯山

大峯山は広島市の北西部、廿日《はつか》市《いち》市との境に位置している。東側が落ちこんでいる山容は、遠くからでも確認でき、秀峰として人気が高い。頂上は岩峰となっていて、ここに立つと西中国山地の十方《じっぽう》山《ざん》、恐羅漢山《おそらかんざん》、吉和《よしわ》冠山《かんむりやま》、臥龍《がりゅう》山《ざん》、深入山《しんにゅうざん》、東郷山《とうごうざん》、阿弥陀山《あみだやま》などが大パノラマで連なって見える。登山道はよく整備されているが、頂上近くまで急登が続くのがこの山の特徴となっている。

廿日市玖島《くじま》の下川上《しもかわかみ》バス停前の駐車場が**下川上登山口**だ。駐車場から別荘地の急な坂を登っていくと舗装道の終点に**貯水槽**がある。この横から登山道となり、杉林の中を歩くと二合目の標識がある。谷から階段状の道を歩くとアンテナがある尾根に出る。右は広葉樹、左は桧林に変わる。

ここから10分ほどで**ベンチ**があるので、ひと息入れよう。少し歩くと桧林の中に五合目の標識がある。木の階段となるが、長年の雨風により道が掘れて荒れており、新しく踏まれた道ができている。

桧林を抜けると再び尾根歩きとなり、右側は広葉樹に変わる。さらに急坂になるのでゆっくり歩こう。七合目に到着するとブナも現れる。さらに急な道を登ると、右に岩がある。**展望地**になっているので、ひと休みしていこう。

この先、少し緩やかになると頂上は近い。周囲にはアセビの木が多い。登りきると西大峯山との分岐、**大峯山2等三角点**に着く。大峯山の最高地点はさらに東に向かっていく。30メートルほどまっすぐ進む

■鉄道・バス
往路・復路＝広島電鉄宮島線廿日市市役所前またはJR山陽本線宮内串戸駅から津田行きの広電バスに乗車。玖島分れバス停で下車、タクシーで下川上バス停まで行く。

■マイカー
西広島バイパス宮内交差点から県道30号を津田方面へ。玖島分れから県道294号を3・6キロ行くと下川上バス停のうしろの駐車場へ。トイレもある。

■登山適期
積雪期以外は登れる。春のツツジ、アセビ、桜の咲く時期、5月の新緑、11月中旬、シロモジが黄葉する秋の紅葉シーズンがよい。

■アドバイス
▽大峯山の西側は熊の生息地なので、鈴などの鳴り物を用意しよう。
▽大峯山から西大峯山に回り、下川上に戻るルートもあるが、やぶ状になる場合がある。

■問合せ先
廿日市市役所佐伯支所☎0829・72・1111、ひろでんコールセンター☎0570・550700、佐伯交通タクシー☎0829・74・1005

■2万5000分ノ1地形図
湯来・津田

と六畳岩と八畳岩があり、その先にはハシゴが設置されているので注意して歩こう。ハシゴを登ったところが**大峯山**の最高地点になる。360度の大パノラマが展開し、西中国山地から瀬戸内まで見ることができる。

下山は**三角点峰**まで戻り、峯太《みねた》郎《ろう》ブナを見にいこう。西大峯への縦走路を進み、5〜6分ほど下ると左に大きな**峯太郎ブナ**がある。

下山は**大峯山三角点**まで引き返し、往路を戻る。（廣田忠彦）

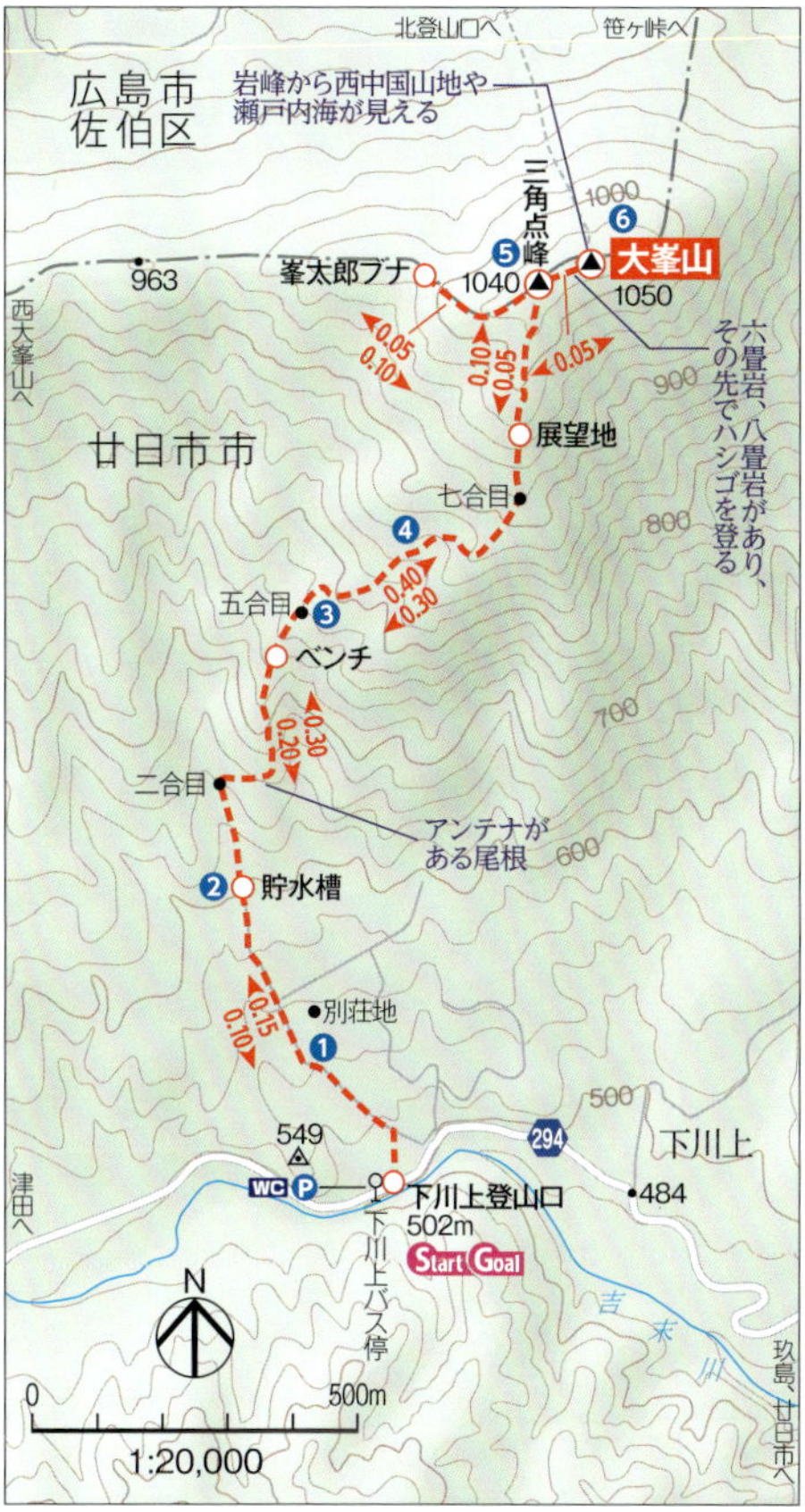

峯太郎ブナ。葉をつけると見ごたえがある

CHECK POINT

1 別荘地の中を歩く。この先はさらに急登になるのでゆっくり歩こう

2 貯水槽の横から登山道になる。スギ林の中を進むとすぐ二合目

3 桧林の中に五合目の標識がある。ここをすぎると尾根に出る

4 急登が続く。ここをすぎると頂上まではもう少し

5 三角点と峯太郎ブナへの分岐点。最高点は岩場を登ったところ

6 大峯山岩峰頂上。宮島や十方山も見える360度の大パノラマ

43

天空にそびえる3つの岩峰で知られる人気の山

三倉岳

みくらだけ
702m

日帰り

歩行時間＝3時間20分
歩行距離＝3.0km

技術度

体力度

コース定数＝12

標高差＝457m

累積標高差 501m 501m

栗谷支所付近から見た三倉岳。右から上ノ岳、中ノ岳、下ノ岳

大竹《おおたけ》市北部の栗谷《くりたに》町にあり、上《かみ》ノ岳《たけ》（朝日岳《あさひだけ》）、中《なか》ノ岳《たけ》、下《しも》ノ岳《たけ》（夕陽岳《ゆうひだけ》）の3つの鋭い岩峰をもつことから「三本槍」ともよばれ、多くの登山者に人気がある。峻険な岩場では多くのクライマーが岩登りを楽しんでいる姿を見ることもできる。周辺は駐車場、キャンプ場、休憩所、登山道などが整備された県立自然公園になっている。

登山コースはAコースとBコースがあるが、Aコースから登ると下りに急な鎖場があるので、安全性の面から、BコースからAコースに回るコースを紹介しよう。車は三倉平《みくらだいら》駐車場から左に上がり、三倉岳休憩所の駐車場まで入れる。

休憩所で登山届に記入し、山の情報を聞くとよい。バス利用の場合は栗谷支所前バス停で下車して50分あまり歩くと、この休憩所に着く。

三倉岳休憩所駐車場の右端から歩きはじめる。入口に「登山道Bコース」の標識があり、すぐにキャンプ場入口に着く。Bコースの標識にしたがって進んでいこう。15分ほど歩くと**AコースとBコース分岐**に出合う。左は下山時に通るルートで、右のBコースに入る。しだいに急坂となり、胴乱岩《どうらんいわ》由来の説明板をすぎると、まもなく**展望所**に到着する。ここでひと息入れるとよい。

この先、急な石段の道を登る途中では、クライマーが登攀を楽しむ岩場が見られる。七合目、八合目の標識をすぎると、上ノ岳と中ノ岳の分岐となる。右に登るとすぐに**上ノ岳**山頂だ。中ノ岳が目の前に見える。

分岐まで引き返し、中ノ岳に向

■鉄道・バス
往路・復路＝JR山陽本線大竹駅や玖波駅から栗谷を結ぶ大竹交通の路線バスを利用。栗谷支所前バス停で下車し、登山口まで50分くらい歩く。運行便数が少ないので事前に問合せること（大竹交通☎0827・52・1515）。

■マイカー
山陽自動車道大竹ICから国道186号を北上、県道289号に入り、栗谷支所前を左折し、三倉岳休憩所前の駐車場へ。

■登山適期
年間を通じて歩けるが、新緑時と11月中旬のモミジの紅葉がおすすめ。

■アドバイス
▽登山届を三倉岳休憩所に提出すること。三倉岳休憩所は水曜休みで、開館は9〜17時。
▽登山道に狭くて急な鎖場があるので、三倉岳休憩所ではBコースからAコースに歩くようにすすめている。
▽岩場が多いので、登山道が凍結しているときは危険なため、入山を控えること。
▽中ノ岳〜下ノ岳の豪雨被害による通行止めは解除された。
▽キャンプ場使用の場合は必ず三倉岳休憩所に届け出ること。

■問合せ先
大竹市役所産業振興課商工振興係☎0827・59・2131、三倉岳休

三倉平の紅葉

中ノ岳からの展望

かう。急な鎖場を登ると**中ノ岳**だ。すばらしい展望を楽しんだら鎖に頼って慎重に下り、下ノ岳に向かう。鎖と岩に打ちこまれた鉄の足場を頼りにゆっくり歩こう。急でしかも道幅が狭く、足もとも悪いので、慎重に行動したい。登りきったところが**下ノ岳**だ。ここからの眺めも抜群で、羅漢山《らかんざん》、大峯山《おおみねやま》、河平《こうひら》連山、大野権現山《おおのごんげんざん》などが見える。

展望を楽しんだら北側に少し下り、鞍部に立つ。左手の道を登ると2等三角点の**三倉岳**山頂に着く。残念ながら展望はない。

下山は鞍部まで引き返し、Aコースの標識から急な石段を下る。里見滝、五合目の見晴岩をすぎると**四合目避難小屋**に着き、三本槍を目の前に見ることができる。

避難小屋から三倉岳休憩所へは「Bコース（帰路）至ログハウス前広場」の標識にしたがって左側の道を歩く。山腹を横切るように歩くと、まもなく**Bコースに合流**し、**三倉岳休憩所**へ。

憩所☎0827・56・0660

■2万5000分ノ1地形図

玖波

下山後は休憩所でコーヒーを飲みながら登ってきた三倉岳をゆっくり見るのもよい。（廣田忠彦）

CHECK POINT

1 登山道Bコースへの標識。キャンプ場入口にトイレもある

2 中ノ岳山頂近くの鎖場

3 下ノ岳に向かう途中の鎖場

4 下ノ岳山頂。すばらしい展望が広がる

5 Aコース下山口。急な石段を下っていくので要注意

6 三倉岳休憩所分岐。四合目避難小屋がある

44

瀬戸内から西中国山地の展望を楽しみながら縦走する

河平連山

こうひられんざん
555m

日帰り

歩行時間＝3時間5分
歩行距離＝7・1㎞

技術度
体力度

コース定数＝15

標高差＝361m

累積標高差 655m 655m

南麓、松ヶ原町から見る河平連山

河平連山は大竹《おおたけ》市玖波《くば》の北側、渡《わた》の瀬《せ》ダムの南側に位置している。この山は別名「飛行機山」ともいわれている。1923（大正12）年、旧日本軍の飛行機が岩峰に激突したことによる。頂上近くに殉職の碑が建てられている。

登山道はハイキングコースとして地元住民や河平連山ハイキング実行委員会によって整備されている。縦走路は花崗岩が多く、9つの峰とすばらしい景観を楽しみながら縦走できるため、登山の初心者には人気の山だ。

登山口は松《まつ》ヶ原《はら》の南側と東側の2箇所。ここでは東側から登って南側に下りるコースを紹介しよう。まず**松が原農協バス停**から県道42号を北上する。やがて**大里《おおり》峠**で、左側に「河平連山東登山口」の標識と、9つの峰の縦走路の概略図が描かれた案内板が立っている。

ここから登山道に入る。すぐに三段滝を回るコースと、まっすぐ歩くコースに分かれる。左側の三段滝のコースに入ろう。まもなく小さな滝が三段になっている樽《たる》川三段滝に着く。急な登りとなり、短いロープも設置されている。

急登が終わるとまっすぐ登るコースに合流する。松やツツジなどの林の中を進むと、再びロープが設置された急登となる。登りきったところが**8号峰**だ。木々の間から渡の瀬ダムが見える。

ここからは小さな起伏が続き、展望もよく、快適に歩くことができる。**5号峰**が3等三角点のある**河平山**555メートルだ。松の木の間か

■**鉄道・バス**
往路・復路＝JR山陽本線玖波駅前から玖波・栗谷線の大竹交通バスで、松が原農協バス停へ。便数が少ないのでタクシーの利用がおすすめ。

■**マイカー**
玖波から県道42号を走り、松ヶ原まで行く。河平連山登山口の案内にしたがって走ると、団地入口の手前に大きな案内板があり、そばに数台駐車できる。東登山口の近くにも数台置ける。

■**登山適期**
一年を通して登山できるが、積雪のある時はすべりやすいところもあるので登山を控える。夏場は木陰が少ないので、暑さに注意が必要。4・5月のツツジが咲く時期や秋がよい。

■**アドバイス**
▽八畳岩の展望がすばらしく、昼食をとるにはここが適当なので、登山開始時間を考えて東側から登るか、南側から登るか考えよう。
▽熊対策として鈴などの鳴り物を用意しよう。
▽日帰り入浴施設として、天然温泉宮浜べにまんさくの湯がある。

■**問合せ先**
大竹市役所産業振興課☎0827・59・2131、大竹交通（バス・タクシー）☎0827・52・1515、やまとタクシー☎0827・52・4181

ら大峯山《おおみねやま》が見える。４号峰には水神釜（雨乞い信仰）の立て札があり、右に西中国山地、左に瀬戸内海を見ることができる。

４号峰の端から下りとなり、展望も悪くなるが、３号峰まで来るとまた展望もよくなる。３号峰を下ると札木《ふだき》峠。登り返したところが２号峰で、三倉岳、羅漢山、傘《かさ》山《やま》などが見える。

２号峰を下った**鞍部**が南側の登山口への**分岐**となる。０号峰、１号峰へはまっすぐ進み、３分あまりで１号峰に着くと天狗岩《てんぐいわ》の案内がある。０号峰に向かう途中で右に浅田大尉記念碑の案内板を見送り、まっすぐ進む。**０号峰**への登りはロープがあるので注意しよう。ここが飛行機が衝突した岩で、西側に少し行くと八畳岩がある。絶景を目の前にすることができ、傘山、三倉岳、羅漢山などの山並みが美しい。

下山は１号峰と２号峰の**鞍部の分岐**まで引き返し、右に下っていく。山腹を横切るように下りていくと、途中に天狗岩が望める場所がある。ここをすぎると樹林帯になり、**馬ヶ峠**に着いたら、ほどなく南側の**登山口**に下り立つ。あとは**松ヶ原農協前バス停**まで舗装された道を歩く。

（廣田忠彦）

河平連山随一の展望が楽しみな八畳岩

■２万５０００分ノ１地形図
玖波

CHECK POINT

1 大里峠河の平連山東登山口。三段滝方向に進む

2 ８号峰。木々の間から渡の瀬ダムが見える

3 三角点のある５号峰。大峯山や瀬戸内が見える

4 浅田大尉殉職記念碑に立ち寄って山頂へ

5 ロープのある急坂を登り飛行機衝突岩の０号峰に立つ

6 稜線の分岐から急坂を下ると馬ヶ峠に着く

45

経小屋山

安芸の宮島や瀬戸の島々、西中国山地を一望する

きょうごやさん
596m

日帰り

歩行時間＝3時間50分
歩行距離＝6・9km

技術度

体力度

コース定数＝**17**

標高差＝580m

累積標高差 754m 734m

経小屋山は広島県南西部の海に面した山だ。頂上近くにある展望所からは、対岸に安芸《あき》の宮島《みやじま》全体を望むことができる。また瀬戸内の島々の展望もすばらしい。さらに頂上から少し下った中央展望地からは、西中国山地を望むこともできる。国道2号からは露岩の岩肌が目立つ山だが、頂上一帯は憩いの森になっており、春にはツツジやフジが美しい。山名は、天智天皇の代に山頂で監視していた防人たちが一切経を本尊とする小屋を建てたことから「経小屋山」と名づけられたという説がある。

登山コースは何箇所かあるが、妹背《いもせ》の滝から川沿いに登り、宮浜《みやはま》温泉に下りるコースを歩いてみよう。**大頭《おおがしら》神社**前の駐車場に車を置き、神社に登山の安全をお祈りして出発する。神社の右側に登山道があり、すぐ右に妹背の滝の雌滝を見る。さらに進み、赤い橋を渡ると正面に雄滝が見える。水量があれば見ごたえのある滝だ。

滝を見たあとは右側の階段の道を歩く。すぐに車道に出る。この車道は経小屋山頂上に通じているが、登山道は左の道に下りる。

民家をすぎて橋を渡ると、城山を経由するコースと、まっすぐ進

↑あずまやからの展望。安芸の宮島が眼前に見える

←三倉岳、羅漢山、十方山、西中国山地も見える

■**鉄道・バス**
往路＝JR山陽本線大野浦駅からおおのハートバスに乗り、妹背の滝バス停下車。歩く場合は約30分の距離。復路＝宮浜温泉バス停からおおのハートバスに乗り、大野浦駅へ。

■**マイカー**
登山口へは、広島岩国道路大野ICを出てすぐ右折して大頭神社前へ。約1・5㌔。右側に広い駐車場がある。下山口の宮浜へは、大野ICから約4㌔。べにまんさくの湯前に駐車場がある。

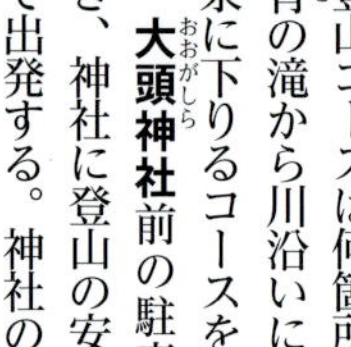

登山口の大頭神社。平清盛、毛利家、浅野家ともゆかりのある由緒ある神社

■**登山適期**
瀬戸内に面していて暖かく、一年中登れる。山頂一帯は森林公園になっており、散策道もあるが、一部荒れた部分もあるので注意すること。4月から5月にかけてツツジ、桜、フ

んで直接登るコースの**分岐**となる。ここにコンクリート製の休憩所とトイレがあるので休んでいこう。

　休憩後はまっすぐ進んでいく。大雨で道が削られているところもあるが、歩きにくいほどではない。分岐から30分あまり歩くと、登山道は川沿いから離れて尾根道になる。ところどころシダが繁っているところもあるが、一本道なので間違えることはないだろう。

　しばらくすると**城山からのルートと合流**する。ここから急登が続く。途中ロープが設置されているところなどは、岩が濡れている時には慎重に歩こう。

妹背の滝雄滝。入口に雌滝がある

　急な登りが1時間くらい続き、**宮浜からのトレッキングコースに合流**すると緩やかになる。左は展望台へ、まっすぐ行くと経小屋山への分岐に着く。展望台にはあずまやが建っていて、展望がすばらしく、対岸に宮島が大きく見え、瀬戸内の島々が美しい。

　少し引き返し、分岐点を左に行くとすぐに林道に出る。続いて右に行くと**経小屋山**山頂に立つ。広いあずまやがあり、ツツジが植栽されていて、春には美しい花が見られる。あずまやの少し上には三角点がある。

CHECK POINT

城山分岐にある休憩所とトイレ

すべりやすいところにはロープが設置してある

宮浜温泉からのルートに合流する

山頂手前のあずまやがある展望所は左

経小屋山山頂。展望はよくないがあずまやがある

急な下り。ロープも設置してあるが慎重に下りよう

標高270㍍の標識がある展望地

宮浜温泉側の下山口

ジが見られる。7、8月は暑く、避けた方がよい。

■アドバイス

▽山頂は展望がきかないので、中央展望地と山頂の南側にあるあずまやのある展望所で楽しむとよい。

▽トイレは妹背の滝手前（神社の裏）と、山道に入って城山と経小屋山分岐にある。経小屋山頂から林道を200㍍くらい下りた、中央展望台の手前にもある。

▽急なところや岩が多いので、道が濡れている時は注意して歩くこと。

▽大頭神社は厳島神社の摂社として推古天皇11（603）年に建てられたと伝えられ、平清盛や毛利家、浅野家ともかかわりがある由緒ある神社だ。

▽神社の近くに名勝・妹背の滝（雄滝30㍍と雌滝50㍍）があり、詩人や文化人も多く訪れている。

▽山頂手前のあずまやのある展望所から岩滝新道ルートがあるが、急な下りのため利用しない方がよい。

■問合せ先

廿日市市役所大野支所☎0829・55・2000、カープタクシー☎0829・55・1111、おおのハートバス☎0829・55・0110（ささき観光）、べにまんさくの湯☎0829・50・0808

■2万5000分ノ1地形図

厳島・玖波

展望はないので、車道を少し下って、**中央展望台**まで行くと西中国山地を見ることができる。

下山は妹背の滝、大野浦駅への案内板まで引き返し、トレッキングコースの宮浜コースを下りる。急坂のシダの下り坂は、足もとに注意しながら歩こう。途中右手の大岩にはびっくりさせられる。

ところどころ展望のよいところがあり、宮島や広島市街、大野浦地区などが見える。松の木が多くなり、傾斜が緩くなると**下山口**に到着する。ここから高速道の下を横切り、海望の源泉地前を通ると**宮浜温泉バス停**は近い。

（廣田忠彦）

下山口近くから見た経小屋山山頂

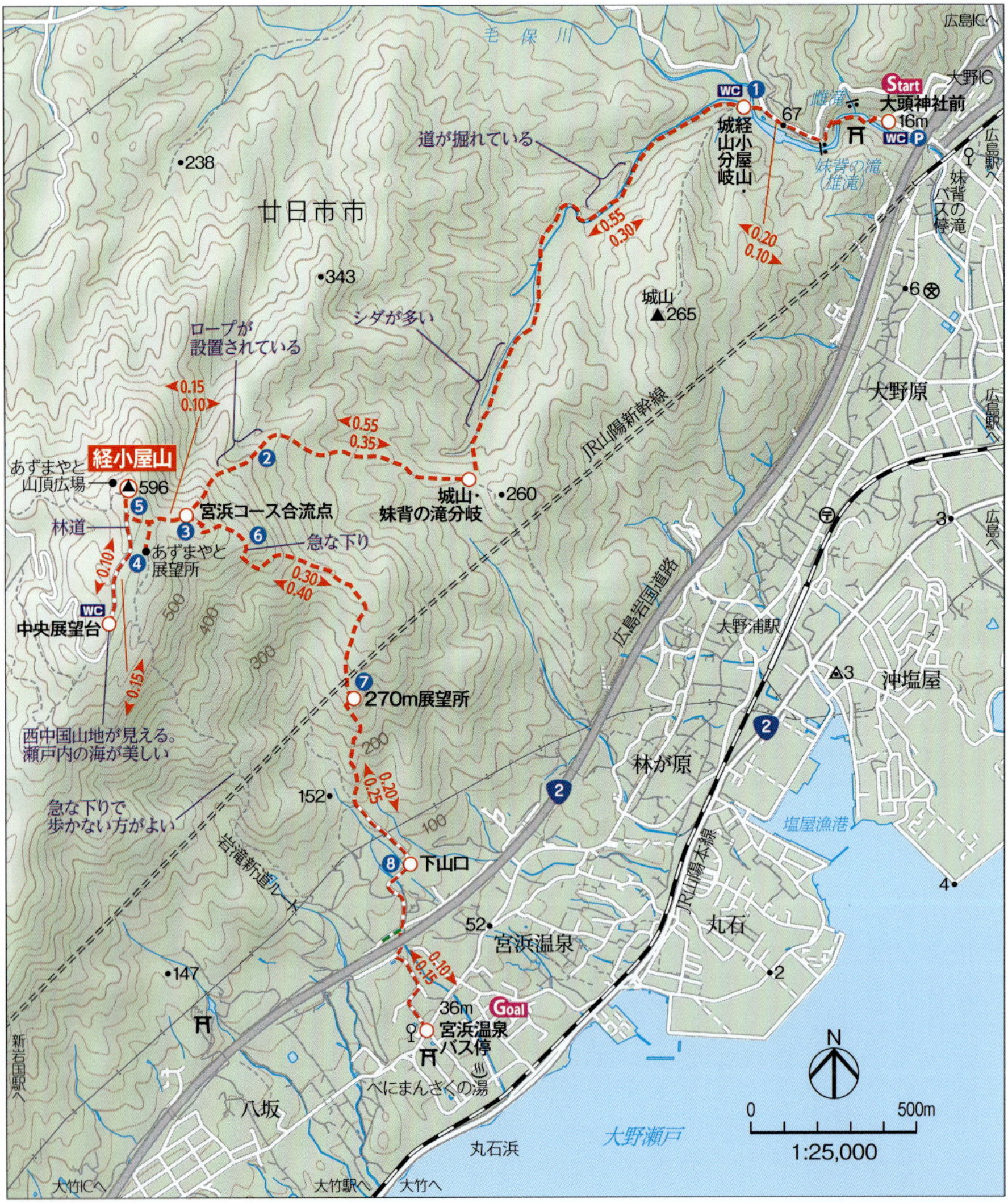

46

世界遺産宮島を訪れ、弥山頂上から瀬戸の多島美を堪能する

宮島弥山

みやじまみせん
535m

日帰り

歩行時間＝3時間10分
歩行距離＝7・5km

技術度

体力度

コース定数＝**14**	
標高差＝532m	
累積標高差	542m（登り） 542m（下り）

厳島神社のうしろに弥山と駒ヶ林が連なる

宮島は広島湾の西端、廿日市市《はつかいち》宮島町にあり、広島市街から20キロほどの距離だ。その島の最高峰が弥山で、古代より信仰の対象として崇められてきた。山頂近くには花崗岩の大岩が多く、霊気を漂わせている。弘法大師が修業を行ったという弥山本堂や、その時に使った火が1200年たった今でも燃え続けている不消霊火堂《きえずれいかどう》、三鬼《さんき》堂《どう》などがあり、島全体が特別史跡、特別名勝に指定されている。1996（平成8）年には厳島《いつくしま》神社と前面の海、背後の弥山原生林が世界文化遺産に登録された。

展望所からの宮島の街並み

弥山山頂の大岩

登山コースはいくつかあるが、初心者にも利用しやすい紅葉谷《もみじだに》から登り、大聖院《だいしょういん》コースへ下るコースを歩いてみよう。**宮島桟橋**から右手の海岸沿いを行く、厳島神社裏を左折して、宮島町消防所前、岩惣《いわそう》旅館前を通り、もみじ橋を渡ると紅葉谷公園だ。秋の紅葉の名所として知られている。

茶店前を通り、紅葉谷橋を渡るとロープウェイ乗り場入口に着く。ここを右に行き、奥紅葉谷橋を渡ったところが奥紅葉谷公園の**弥山登山口**。きれいな清流ともみじが絵になるところだ。

ここからは一本道で、谷沿いの老木や苔むした岩、原生林の中を進む。12号堰堤をすぎると、このコースで最もきつい石段の登りとなる。2つめの急な石段を登りきると、左に「ロープウェイ0・3キロ、弥山山頂0・7キロ」の道標がある**分岐**に着く。遊歩道を15分歩くと弥山本堂と不消霊火堂の広場に出る。参拝して石段を登っていこう。

三鬼堂、文殊堂をすぎ、山頂近くなると道幅が狭くなり、石段もあるので注意したい。巨岩をくぐ

■**鉄道・バス**

往路・復路＝JR山陽本線宮島口下車。徒歩3分で宮島口桟橋へ。連絡船に乗り10分で宮島口に着く。連絡船はJR船と松大汽船の2社が運航。広島電鉄の路面電車を利用した場合は、広島駅から1時間10分で宮

ると**弥山**山頂だ。360度の大パノラマが広り、東方に広島市街、呉娑々宇山《ごさそうざん》、鈴ヶ峰《すずみね》、北方に十方山《じっぽうざん》、吉和冠山《よしわかんむりやま》、大峯山《おおみねやま》、南方に能美島《のうみじま》、周防大島《すおうおおしま》と瀬戸内海の島々を望み、あきることがない。

下山は大聖院に向けて山頂広場西側の石段を下る。巨岩の間を通っていくと、大日堂に出る。ここを左に行くと弥山本堂で、紅葉谷コースに引き返すこともできる。

大聖院へはまっすぐ進む。途中の岩場から目の前に厳島合戦の激戦地となった駒ヶ林《こまばやし》が見える。さらに下っていくと**仁王門**《におうもん》に着く。

雪の大鳥居と弥山

このすぐ下が十字路になっていて、直進は駒ヶ林、左が奥の院、大元公園《おおもと》へ向かう。ここは右手の大聖院に下ろう。

しばらくすると災害に伴い移設された石畳の道を歩く。白糸川《しらいと》を横切り、左岸側を下るとあずまや展望所がある。宮島の町並みを望む絶好の場所なので、ひと休みしよう。

最後に九十九折りの急な石段を下りていく。白糸の滝入口をすぎ、**大聖院**に着くと、**宮島桟橋**までは20分ほどの道のりだ。時間があれば厳島神社に参拝しよう。（廣田忠彦）

CHECK POINT

1 紅葉谷公園茶店。真っ直ぐ進み、もみじ谷橋を渡る

2 ロープウェイ乗り場・弥山分岐。右に行くと弥山山頂まで700メートル

3 不消霊火堂横の石段を登って弥山山頂へ

4 弥山山頂展望台。すばらしい展望が広がる

5 仁王門。すぐ下に大元公園と大聖院との分岐がある

6 水害で移設された石畳の道を下っていく

7 あずまや展望所。宮島の街並みがみごと

8 大聖院登山口。まっすぐ進むと海側に。右折しても桟橋に行ける

島口。

■**マイカー**
広島岩国道路廿日市ICから国道2号を経由して10分。大野ICからは同じく国道2号経由で10分。宮島口桟橋周辺に有料駐車場が多数ある。

■**登山適期**
年間を通じて楽しめるが、冬の積雪、凍結時は石段が多いので歩かない方がよい。3、4月のアセビ、桜の時期、11月中旬の紅葉時がよい。

■**アドバイス**
▽コースは紅葉谷コース、大聖院コース、大元谷コースの3つが公認されている。そのほかにもコースがあるが、急峻で迷いこむと危険なところもあり、これまでも遭難事故が起きている。
▽三鬼堂は全国唯一の鬼神で、明治時代には伊藤博文公がしばしば参拝している。
▽飲料水は、シカなど動物の影響を考えて各自が持参のこと。
▽体力に自信がない人は、ロープウエイで獅子岩駅へ15分、さらに遊歩道を弥山山頂まで30分で登れる。

■**問合せ先**
廿日市市役所宮島支所☎0829・44・2000、宮島観光協会☎0829・44・2011、宮島ロープウエー☎0829・44・0316

■**2万5000分ノ1地形図**
厳島

宮島口へ
宮島口へ
松大汽船
JR宮島フェリー
N
0
500m
1:20,000
厳島港
包ヶ浦へ
24
3m
Start Goal
宮島桟橋
27
大鳥居
厳島神社
宮島水族館
145
奥紅葉谷公園
紅葉谷橋
奥紅葉谷橋
奥紅葉谷公園
もみじ橋
岩惣
紅葉谷公園
0.35
0.25
0.20
紅葉谷駅
弥山登山口
WC
大聖院登山口
大聖院
100
紅葉谷川
249
214
白糸の滝
あずまや
展望所
259
302
宮島の街がよく見える
200
宮島ロープウエー
大元谷コース
0.40
1.00
300
0.55
0.45
彌山原始林
紅葉谷コース
大聖院コース
423
400
榧谷駅
407
12号堰堤
駒ヶ林
509
展望台 WC
弥山
535
530
500
ロープウェイ・弥山分岐
厳島（特）（宮島）
仁王門
大元谷・大聖院分岐
三鬼堂
0.25
0.20
獅子岩駅
宮島町
0.15
0.20
御山神社
大日堂
霊火堂
弥山本堂
求聞持堂
廿日市市

47

日帰り

安芸小富士・下高山

広島湾に浮かぶ小さな富士型の山

歩行時間＝3時間55分
歩行距離＝7・4km

技術度
体力度

あきのこふじ 278m
しもたかやま 203m

コース定数＝**17**

標高差＝277m

累積標高差 ↗ 710m ↘ 708m

↑船上から見る安芸小富士
←どこから見ても美しい山容の安芸小富士。遠く広島港も見える（写真＝野間 弘）

広島市南区に属する広島湾に浮かぶ島、似島《にのしま》の安芸小富士は、広島市街から近いこともあり、多くの登山愛好者から親しまれ、登られている。山名の由来は、もちろん、富士型の山容をしているからだ。登山コースはいくつかあるが、ここでは、学園桟橋から登り、安芸小富士を経て、下高山から似島桟橋にいたるコースを紹介しよう。

学園桟橋から学園の校庭に入り、校庭の左脇を通って進み、校舎に突き当たる手前で階段を上がって山道に入る。すぐに道が二分し、右に行くといのちの塔へ、安芸小富士はそのまま直進する。溝状に掘れた登山道を登っていくと

■鉄道・バス
往路＝広島・宇品港から似島行きフェリーで学園桟橋へ。
復路＝似島桟橋から広島・宇品港行きフェリーに乗船。

■マイカー
登山口、下山口とも桟橋に近く、マイカーは不要。

■登山適期
夏期を除き、山歩きが楽しめる。冬期の日だまりハイキングもよい。

■アドバイス
▽安芸小富士から下高山へ向かう分岐でのコースは、季節によって墓地手前の畑まで草が生い茂り、コースが不明瞭な時があるので注意したい。
▽似島桟橋発のフェリー便は、1時間に1便しかないので、事前に出航時間を調べておくと無駄が省ける。
▽フェリーの乗船時間は20分、トイレは下船前に船中ですませておこう。

■問合せ先
広島市南区役所似島出張所☎082・259・2511、似島汽船☎082・251・6516

■2万5000分ノ1地形図
似島

国旗掲揚台に着き、やがて稜線の**分岐**に出る。左に行けば似島港、下高山方面へ。安芸小富士へは右の道を行く。岩場をすぎて傾斜が緩くなると**安芸小富士**の山頂に着く。

山頂には2等三角点があり、展望はすばらしい。北に広島市街、鈴《すず》ヶ峰《みね》、武田山《たけだやま》、東に呉娑々宇山《ごさそうさん》、鉾取山《ほこりやま》、絵下山《えげさん》、灰《はい》ヶ峰《みね》、野呂山《のろさん》、西に大峯山《おおみねやま》など、近郊の山々の大パノラマが広がる。

下高山へは、**分岐**まで戻って直進する。やがて急坂になり、竹林に入る。その先、**道が二分**し、直進すると似島桟橋へ。下高山は標識にしたがって左の道に入る。墓地を抜けたら似島峠で、舗装路を左に約130メートルほど下ると**「下高山登山口」を示す標識**がある。この標識にしたがって右側のコンクリート道に入り、約15分ほど行くと舗装が途切れ、道も平坦になる。ミカン畑を左に見て、その先の竹林を抜けると**「下高山登山道入口」**の表示板があり、右の道を行く。

木立ちの尾根道を南西に向かい、主稜線に出てからアップダウンを3度繰り返すと**下高山**山頂だ。絵下山、古鷹山《ふるたかやま》、クマン岳、宮島、広島市街が一望できる。

下山は往路を戻り、似島峠を経て狭い舗装路を下っていき、民家の間を抜けると**似島桟橋**に着く。

（井ノ口孝臣）

CHECK POINT

似島学園の校庭に入り、校庭の左側を直進し、建物の手前左側の階段を上がる

似島学園から稜線へ。左に下ると似島港、下高山へ。安芸小富士は右へ行く

航空標識灯が立つ安芸小富士山頂。眼下にすばらしい展望が広がる

この先、墓地を抜けると少年自然の家からのコースが合流する似島峠に出る

少年自然の家への分岐を見送り、道が左に曲がるところに下高山を示す標識があり、右に入っていく

48 旧海軍兵学校鍛錬の山から江田島の最高峰へ

古鷹山

ふるたかやま　394m
（最高点＝400メートル／クマン岳）

日帰り

歩行時間＝4時間15分
歩行距離＝9・6km

技術度
体力度

コース定数	＝20
標高差	＝397m
累積標高差	↗ 903m　↘ 903m

古鷹山は、広島湾に浮かぶ江《え》田《た》島《じま》の中央に、鷹が翼を広げたように雄々しくそびえている。かつては世界三大兵学校として名を轟かせた旧海軍兵学校（現・海上自衛隊第一術科学校）があって、その兵士たちが心身鍛錬の道場として駆け登った名峰だ。

↑江田島湾の対岸から古鷹山（中央）を見る。右は三角点峰。名産の牡蠣筏の先には海自の艦船も浮かんでいる

←コース途上から切串港、広島市街地を俯瞰する

古鷹山へのコースは、主に切串《きりくし》港からと小用《こよう》港からの2コースがあるが、切串港から登り、古鷹山からクマン岳を経由して出発点に戻る周回コースを紹介しよう。

切串港駐車場の左端より古鷹山森林公園への車道を行く。切串大橋を渡り、長谷《ながたに》川に沿って25分ばかり歩くと、二股の中央に「古鷹山登山道」と記された**石柱**がある。直進すると幸《ゆき》の浦《うら》と小用林道の分岐に出るが、左の小用林道を10分ほど歩くとトイレがある。その先が登山口で、切串港から3・5キロの道のりだ。

「ソロプチミストの森」の立て看板を見て木段に取り付く。すぐ縦走路の主稜線に出て、緩いアップダウンを繰り返すと、2度目の鞍部から傾斜がきつくなり、木段がピークまで続く。

ここから下って登り返すと**三角点のピーク**で、目前に岩峰の古鷹

■鉄道・バス　往路・復路＝広島・宇品港から江田島切串港行きフェリーに乗船し、切串港で下船。登山口まで徒歩1時間。

■マイカー　広島市内からは、広島呉道路の呉ICで降り、呉市街地を抜けて第二音戸大橋、早瀬大橋を渡って切串港へ。切串港の駐車場を利用する。

■登山適期　夏期は暑く避けた方がよい。温暖な島なので冬期の日だまりハイキングもよい。

■アドバイス　▽昭和53年の大火を契機に、山中に林道が整備され、車を利用すれば登山口までの時間が短縮される。▽マイカー利用の場合、登山口の「ソロプチミストの森」まで車の乗り入れ可。路肩に数台駐車できる。

■問合せ先　江田島市観光協会☎0823・42・4871、上村汽船☎082・251・6020

■2万5000分ノ1地形図　似島

山がそびえ立つ。すべりやすい急坂を下ると奥小路《おくしょうじ》コースと合流する鞍部に着く。登り返すと岩場になり、鎖やロープが設置されているので、慎重に登ろう。

　登りきると360度の大パノラマが広がる**古鷹山**の山頂だ。眼下に旧海軍兵学校、江田島湾、東に灰《はい》ケ峰《みね》、野呂山《のろさん》、西に宮島《みやじま》などが一望できる。

　クマン岳へは、古鷹山山頂から北西に向かい、長い石段を下り、稜線に出て登り返して下ると林道に出る。クマン岳の道標に導かれて木段を登ると、帆立岩《ほたていわ》の分岐に着く。**帆立岩**は分岐の目前にあるので立ち寄ってみよう。眼下に江田島湾や瀬戸の島々が広がる。ここからクマン岳は指呼の距離。**クマン岳**山頂は広く、360度の展望が広がる。

　下山は山頂広場から右端の道を行き、尾根伝いに下りていく。**道標**にしたがって、右に曲がり、急坂を下ると**登山口**に着く。ここから民家の間を抜け、道なりに進むと出発点の**切串港**に着く。

（井ノ口孝臣）

CHECK POINT

左右の道は古鷹山に通じているが、「ソロプチミストの森」は左の道を行く

三角点のピークで、石柱の右ルートが合流する。古鷹山はここから急坂を鞍部へ

古鷹山山頂直下には、この山域唯一、ロープや鎖が設置されている

岩場を鎖やロープを使って登ると、360度大パノラマの古鷹山山頂へ

古鷹山から下りて林道に出るとクマン岳の登山口だ

クマン岳山頂広場から切串港に下るルートは、右（北東）の道をとる

49

倉橋火山

岩頭に立てば360度の瀬戸の大パノラマが広がる

くらはしひやま　408m
（最高点＝455m／後火山）

日帰り

歩行時間＝2時間20分
歩行距離＝4・0km

技術度
体力度

コース定数	＝**11**
標高差	＝317m
累積標高差	上り 499m / 下り 631m

倉橋火山は、広島県最南端の島である倉橋島にあり、かつて瀬戸内海の要衝として、狼煙台があったことから「火山」と名づけられたと伝えられている。

麓の瀬戸の海に面した桂《かつら》ヶ浜《はま》は、「日本渚百選」「日本白砂青松百選」に選定された景勝地だ。登山コースは、宇和木《うわき》峠登山口からと、桂ヶ浜登山口があるが、両登山口は離れているため、マイカーの場合は、どちらかの登山口に余分に1台を置いておくとよい。ここでは宇和木峠登山口から登り、桂ヶ浜に下るコースを紹介しよう。

宇和木峠の登山口から東側の階

桂ヶ浜の県道35号より望む、倉橋火山の山頂

後火山は、花崗岩の倉橋火山と異なり展望はない

山頂より、桂ヶ浜の桂浜温泉館、日本白砂青松百選を望む

■**鉄道・バス**
往路＝JR呉線呉駅前から、本浦・桂浜方面行きの広電バスに乗り、火山登山口バス停で下車。登山口まで徒歩で15分。
復路＝桂浜温泉館から、JR呉駅方面行き広電バスに乗車。

■**マイカー**
広島呉道路呉ICから国道31号、国道487号、警固屋バイパスの第二音戸大橋を渡って県道31号を走り、宇和木トンネルを抜けて右折すると登山口まで1キロ。道路脇の空地に数台駐車できる。桂浜温泉館には数十台駐車可能な駐車場がある。

■**登山適期**
一年を通じて登れるが、夏期は暑く避けた方がよい。4月下旬になるとヤマザクラやコバノミツバツツジが咲く。

■**アドバイス**
▽宇和木峠登山口からのコースは、距離は短いものの、急勾配で木段が多いため、足に自信のない人は、宇和木峠から車を利用して、鞍部まで乗り入れるとよい。
▽鞍部には駐車場とトイレがある。

■**問合せ先**
呉市役所倉橋支所☎0823・53・1111、ひろでんコールセンター☎0570・550700

■**2万5000分ノ1地形図**
倉橋島

休憩所は鞍部の上部にあり、眼下に瀬戸の多島美が楽しめる

段を上がると、最初の石仏三十八番がある。火山の登山道は倉橋八十八ヶ所お大師さんとして親しまれ、宇和木峠から桂ヶ浜まで、登山道に石仏が並んでいる。

雑木林の中、木段が延々と続き、高度を上げていく。ところどころで展望が開け、眼下に広がる瀬戸の海は疲れた体を安らげてくれるように美しい。

大岩の**展望台**をすぎ、少し下って登り返すと**倉橋火山**の山頂だ。山頂の岩頭に登ってみよう。ロープやハシゴが設置されているので楽に登れる。岩頭からの展望は360度の大パノラマで、眼下に青松白砂の桂ヶ浜、温泉館、周防大島《すおうおおしま》、天気に恵まれれば、遠く四国の山並みも一望できる。

後《うしろ》火山へは、来た道を少し戻り、山頂の岩頭を巻いて鞍部まで下る。**鞍部**から休憩小屋を左に見て、木立ちの稜線まで登り、北に向かうと巨岩が行く手をはばむかのように立ちはだかる。その巨岩の横をすり抜けると下りになり、登り返すと**後火山**の山頂だ。残念ながら木立ちに囲まれ展望はない。

下山は**鞍部**まで戻り、鞍部から眼下に見える**桂ヶ浜**を目指して下る。一本道で迷うことはないが、木段やすべりやすいところがあるので、すべらないよう注意して下りよう。

（井ノ口孝臣）

CHECK POINT

空地に数台駐車可。峠の先の右側に林道の入口があり、鞍部まで通じている

展望台は急登の木段を登ったところにあり、疲れた体をいやすのに最適な場所

山頂の岩頭に立つと360度の大展望が広がる

トイレや駐車場が整備された鞍部から、眼下に桂ヶ浜が一望できる

倉橋火山と比較すると、後火山は展望がなく、訪れる人も少ない

左下に桂浜温泉館が見えると道が2分し、直進は県道沿いの登山口、左は温泉館

50

自然豊かで達成感のある海浜リゾート背後の山を歩く

七国見山

ななくにみやま
457m

日帰り

歩行時間＝3時間5分
歩行距離＝7・0㎞

技術度
体力度

コース定数	＝**15**
標高差	＝432m
累積標高差	↗673m ↘673m

県民の浜より七国見山を展望

七国見山山頂より県民の浜を望む

西泊公園は弘法大師ゆかりの公園

七国見山が位置する上蒲刈島《かみかまがり》は、安芸灘《あきなだ》大橋の開通で本土と陸続きになり、西日本屈指のリゾートである県民の浜が整備され、多くの人が訪れるようになった。七国見山は上蒲刈島のほぼ中央に位置し、山頂から安芸、備後《びんご》、備中《びっちゅう》、伊予《いよ》、讃岐《さぬき》、周防《すおう》、豊後《ぶんご》の7つの国が見えるというところからその名がついたと伝えられる。

ウォーキングセンターを起点に七国見山から奥山《おくやま》へ縦走し、島の西端の向港《むかい》へいたる健脚コースと、蒲刈隧道北出口から登り、七国見山を経てウォーキングセンタ

■鉄道・バス
往路・復路＝広島バスセンターから、さんようバスの沖友天満宮行きに乗車、恋ヶ浜バス停で下車する。登山口まで徒歩5分。ただし、バスは2024年3月現在運休中。

■マイカー
東広島呉自動車道阿賀ICより国道185号を7・5㌔走ると安芸灘大橋入口で橋を渡り、さらに県道74号の蒲刈大橋を渡って17㌔ほど進み、登山口の蒲刈ウォーキングセンターへ。

■登山適期
冬期の日だまりハイキングがよい。夏期は暑く、避けた方がよい。

■アドバイス
▽登りも下りも急な木段が続くので、オーバーペースにならないようペース配分を考慮しよう。
▽県民の浜のやすらぎの館で日帰り入浴ができる。

■問合せ先
呉市役所蒲刈支所☎0823・66・1111、蒲刈ウォーキングセンター☎0823・66・1212、やすらぎの館☎0823・66・1126、広島バスセンター案内所☎082・225・3133

■2万5000分ノ1地形図
仁方

ーに下るコースがあるが、ここではウォーキングセンターから登り、蒲刈隧道北出口登山口と奥山の分岐になる108メートル地点に下り、林道を歩いて物見橋《ものみばし》展望台から瀬戸の海を眺めながら出発点に戻る、周回コースを紹介しよう。

登山口のウォーキングセンター横の標識にしたがって木立ちの中に入り、林道に出ると西泊《にしどまり》公園の観音菩薩記念碑がある展望台に着く。石光《せっこう》山西楽寺《さんせいらくじ》の看板と観音菩薩立像が立っている。左へロマンの道を行くと、展望台や休憩所、トイレがある。近くには村上水軍の霊を追悼する石碑と地蔵が祀られている。

展望を楽しんだら七国見山へ向かおう。急な階段を登りつめると**西楽寺跡**に着く。岩場の稜線から見る瀬戸の多島美が美しい。ここから急な木段が続き、主稜線のピークに達するとようやく平坦になる。少し下って桂《かつら》ノ滝《たき》分岐をすぎると最後の登りとなって、2等三角点の**七国見山**山頂だ。展望台に上がると南側が開け、眼下に県民の浜が見える。

下山は、西方向の稜線を進むと、やがて木段の急坂が続く。林道に出て約10分ほど下ると案内板のある**分岐**に着く。乗用車がやっと通れるほどの道幅の十字路で、蒲刈トンネル、奥山登山口に通じる。ウォーキングセンターは左の道に入る。林道の途中、**物見橋公園展望台**からは瀬戸の展望がすばらしい。この先はのんびりと展望を楽しみながら20分で**登山口**に戻る。

（井ノ口孝臣）

CHECK POINT

1 登山口のウォーキングセンターには、島内の動植物の写真が展示されている

2 2019年4月、山火事により焼失した旧西楽寺

3 コース上で唯一フラットな九合目付近。ここから少し下って山頂への最後の登りにかかる

4 木立ちの中の山頂は、展望台に上がると眼下に県民の浜が展望できる

5 蒲刈トンネル北出口登山口からのコースと奥山登山口、ウォーキングセンターへの分岐

6 物見橋展望台から瀬戸の島々の展望はみごと。山側には物見岩も見える

51

ミカンとレモンの島の快適な縦走路から多美島を満喫する

観音山

かんのんやま
472m

日帰り

歩行時間＝4時間40分
歩行距離＝11.7km

技術度

体力度

コース定数＝21
標高差＝469m
累積標高差 812m 813m

芸予《げいよ》諸島の最高峰・観音山は、中世の時代に瀬戸内海を拠点として活動していた村上水軍がのろし台を置いていたことから、島人から「火滝山《ひたきやま》」とよばれ、水神さんとして信仰を集めていた。

登山口へはサンセットビーチ手前の信号機のある交差点（**サンセットビーチバス停**）から左に入ると車道が二分する。道標にしたがって左の車道に入る。ミカン畑やレモン畑の間を進むと、右手に瀬戸の海が開けてくる。車道を右に左に曲がるごとに異なる景色を楽しみながら登っていくと、右に大きく曲がって**登山口**に着く。

登山道に入ると、木段の遊歩道は広く、しっかりしている。右に左に緩やかに登っていき、尾根筋に出て、石垣の水場をすぎ、前方が開けてくると休憩所が見えてくる。休憩所をはさんで北側に鐘楼、南側に火滝観音堂がある。

観音堂からは、眼下にしまなみ街道、大三島《おおみしま》の鷲《わし》ヶ頭山《とうざん》や芸予《げいよ》諸島が広がる。鐘楼横を登り、5分ほど歩けば**観音山**山頂だ。木立ちに囲まれているが、南側が開け、芸予諸島の島々が展望できる。

伊豆里《いずり》峠へは大小4つのピークを越えながら東へ向かうと、左側に放棄されたキーウィ畑、右側に芸予諸島を見わたす広く開けた伊豆里峠手前の展望地に着く。南に岩城《いわき》島、北に高根《こうね》大橋、瀬戸《せと》田《だ》港も見える。

展望地のすぐ下は**伊豆里峠**で、左に行けば農免道路から瀬戸田港へ。中野《なかの》ダムへは直進する。軽自動車が通れる道幅の未舗装の道は、396メートルピークの左を巻くように進むと、林道から山道に入る。

展望のない木立ちの中の緩いアップダウン繰り返しながら進む。伊豆里峠からは利用する人が少なく道が荒れ気味だ。木立ちの間からダムの水面が見えてくるとダムは近い。**中野ダム**の施設の建屋から舗装された道を下りると堰堤に出て、車道を耕三寺《こうさんじ》方面に下ると**瀬戸田港**に着く。　（井ノ口孝臣）

■鉄道・バス
往路＝JR三原駅から三原港に向かい、フェリーに乗って瀬戸田港で下船。島内バスの西回りに乗り、サンセットビーチバス停で下車する。登山口まで徒歩1時間。
復路＝中野ダムから瀬戸田港まで徒歩1時間　瀬戸田港よりフェリーを利用して三原港へ。

■マイカー
山陽自動車道福山西ICからしまなみ海道を走り、生口島北ICで降りて、県道81号を耕三寺方面に行く。その先、サンセットビーチ手前の交差点を左折する。交差点から登山口まで約3キロ。登山口の先に広い駐車場がある。

■登山適期
冬期の日だまりハイキングが最適。春の桜、秋の紅葉期もよい。

■アドバイス
▽エスケープルートとして、伊豆里峠から瀬戸田港へ下山できる。
▽マイカーの場合、下山口のダムに車を置けば時間の無駄がない。

■問合せ先
尾道市役所瀬戸田支所☎0845・27・2211、瀬戸内クルージング☎0848・36・6113、本四バス開発瀬戸田営業所☎0848・27・0416

■2万5000分ノ1地形図
瀬戸田

大三島IC付近から望む観音山

伊豆里峠手前の展望地から望む瀬戸の島々

CHECK POINT

サンセットビーチ手前の交差点を左折する。登山口まで3.2㌔。

約200㍍先に駐車場がある。観音山は階段を登る

木立ちに囲まれた山頂は南側が開け、瀬戸の多島美が楽しめる

木立ちの中の快適な縦走路。この先ピークを越えて伊豆里峠へ

伊豆里峠手前の展望地からは瀬戸の島々が大パノラマで広がる

中野ダムには数台駐車できる。マイクロバスも通行可能

52

瀬戸の多島美を満喫しながら、村上水軍ゆかりの山を縦走

奥山・青影山

おくやま　390m
あおかげやま　275m

日帰り

歩行時間＝2時間45分
歩行距離＝5.6km

技術度 ■□□□□
体力度 ■□□□□

コース定数＝13

標高差＝273m

累積標高差 ↗588m ↘669m

南側の県道366号から見るなだらかな山容の奥山

因島《いんのしま》の中央部を東西に連なる山塊は、「因島アルプス」ともよばれ、島内の最高峰・奥山から村上水軍城跡が残る青影山を結ぶ稜線が、ハイキングコースとして整備されている。尾根伝いに進むと、芸予《げいよ》諸島や四国連峰を望むことができ、瀬戸内の自然と美しさを満喫できる。

マイカー利用の場合、駐車場の問題があり、ここでは椋浦《むくのうら》峠から奥山へ登り、青影山へ縦走するコースを紹介しよう。水軍スカイライン（県道366号）椋浦峠から車道を少し入ると、道幅が広くなり、左側に小さなお堂がある。そこが**登山口**だ。ここから木段が延々と続くが、時々、足を止めて振り返ってみよう。背後に瀬戸の海が広がる。

急登の木段から解放されると、広くて気持ちのよい遊歩道になり、**奥山**山頂に着く。広場になっていて、数多くの石仏が並び、各方角に案内板が設置され、弓削《ゆげ》島、豊《ゆたか》島、岩城《いわき》島などが確認できる。

あずまやを左に見て木立ちの中に入ると、気持ちのよい広い遊歩道で、下っていくと**大山《おおやま》峠**に着く。地蔵堂を右に見て、登り返すとピークに着く。あずまやのある広場からは息をのむような瀬戸の多島美が広がる。岩城島、生口《いくち》島、大《おお》三《み》島など、天気に恵まれれば四国連山の石鎚山《いしづちさん》も望むことができる。

あずまやから少し下ると鞍部で左右に道が分かれ、それぞれ田熊《たくま》方面と中庄《なかしょう》方面に通じている。

鞍部から木段を登ると大山山頂だが展望はない。大山からさらにピークを越えて鞍部の**田熊分岐**に下ると青影山は目前だ。**青影山**山頂は村上水軍の城跡

■**鉄道・バス**
往路＝JR尾道駅から因島土生港前行きの因の島バスに乗車し、終点で下車。島内バスに乗り換え（西回り、東回りのどちらも可）に乗り、千守バス停下車。登山口まで徒歩25分。
復路＝金山バス停から尾道駅行きの因の島バスに乗る。

■**マイカー**
しまなみ海道因島北ICから国道317号、県道120号を経由して因島三庄方面に向かい、水軍スカイライン（県道366号）に入ると椋浦峠に着く。道路脇に5台程度駐車可能。

■**登山適期**
夏期を除いて楽しめる。

■**アドバイス**
▽田熊保育園周辺に駐車場所はないので、マイカーの場合は保育園前からタクシーで奥山登山口に戻る
▽椋浦峠から県道366号を椋浦町側に少し下ると、トイレと駐車場がある。

■**問合せ先**
因島観光協会☎0845・26・6111、因の島運輸☎0845・22・2171、因島タクシー☎0845・22・2255

■**2万5000分ノ1地形図**
備後土生

で、広場から北に鳴滝山《なるたきやま》、鉢《はち》ケ峰《みね》、南に瀬戸の島々の大展望が広がる。田熊へは**田熊分岐**まで戻り、道標にしたがって下ると、**田熊保育園**に着く。

（井ノ口孝臣）

奥山より岩城島の展望

奥山より弓削島の展望

CHECK POINT

奥山山頂近くまで木段が続く。行程の中で、いちばん厳しいところだ

木段から解放され、落葉が積もる遊歩道に出ると奥山山頂は近い

大山峠から登り返したあずまやらは岩城島や瀬戸の多島美がみごと

鞍部の田熊分岐。青影山山頂広場へは、ここから往復する

村上水軍城跡の青影山山頂。好天の日には四国の石鎚山も望める

田熊保育園。スタート地点の椋浦峠まで、徒歩かタクシーで戻る

53

奇岩きり立つ造形美の霊山。整備の行き届いた登山道を行く

黒滝山・白滝山

日帰り

歩行時間＝2時間45分
歩行距離＝6.5㎞

くろたきやま　270m
しろたきやま　350m

技術度 ■■□□□　体力度 ■□□□□

コース定数＝13

標高差＝347m

累積標高差　↗554m　↘554m

観音堂から眼下に忠海の街並みと瀬戸の島影を望む

黒滝山は竹原《たけはら》市の東南部、JR忠海《ただのうみ》駅の北にある独立峰だ。天平年間（730年ごろ）、僧・行基が、十一面観音菩薩像を彫り、山頂に観音堂を建立して安置したと伝えられる。また、白滝山は三原《みはら》市と竹原市の境に位置し、山頂にある八畳岩の磨崖仏は、豊作と平安を祈り、江戸時代初期につくられたという。登山コースには忠海駅からと三原市小泉《こいずみ》からの2コースがあるが、ここでは忠海駅から登るコースを紹介しよう。

JR呉線忠海駅で下車。国道185号を東に進み、興亜《こうあ》橋を渡って信号にしたがって左折する。その先の小路で右折して、民家の間を進むと地蔵院《じぞういん》に着く。墓地を抜け車道に出ると**さくら堂**だ。トイレや駐車場が整備され、休憩小屋の周辺には数多くの桜が植えられている。

コンクリート舗装の遊歩道を登っていくと乃木将軍の腰掛け岩、平山郁夫のスケッチ場所や瀬戸内の絶景が続く。その先、石の小さな鳥居がある。鳥居をくぐったら幸せになると云えられる「幸福の鳥居」だ。

続いてコナラの雑木林の道を登り、左に行くと観音堂、右に行くと山頂広場となる。まず観音堂に立ち寄ってみよう。観音堂から眼下に忠海港、その先に

黒滝山

白滝山

■鉄道・バス
往路・復路＝JR呉線忠海駅で下車する。

■マイカー
山陽自動車道河内ICから国道432号を左折。その先、国道2号を横断し、竹原市内で国道185号を左折。忠海駅前から本郷方面に左折して800㍍で右折すると登山口のさくら堂に着く。河内ICから約25㌔。5台駐車可。その先の車道の広場にも数台駐車可能。

■登山適期
桜のシーズンが最高。冬の日だまりハイキングもよい。夏期は低山で暑く、避けた方がよい。

乃木将軍が瀬戸の展望を楽しんだという腰掛け岩

平山郁夫画伯がスケッチをした場所

■アドバイス
▽黒滝山の観音堂から鐘つき堂の横を通って白滝山へ行く巻道は通行止めになっている。

■問合せ先
黒滝山を愛する会事務局☎0846・26・0469、竹原観光ガイド会

CHECK POINT

さくら堂。桜のシーズンには大勢の花見客でにぎわう。駐車場やトイレも整備されている

小鳥居。くぐれそうにないほど小さいが、くぐれば幸せになるという

天平年間(730年代)に僧・行基の創建と伝わる観音堂。道内の十一面観音像は鎌倉時代の作

曹洞宗の龍泉寺は荘厳な雰囲気を漂わせる

白滝山山頂の鐘つき堂。そばに鐘の突き方の作法が書かれている

大久野《おおくの》島など瀬戸の大パノラマが広がる。黒滝山山頂へは、山頂広場を経由するか、鳥居から岩場の鎖を登っても行ける。狭い**黒滝山**山頂の岩場には大峰《おおみね》神社と出雲《いずも》神社が祀られている。

黒滝山から尾根伝いに進み、木段を下ると黒滝山の巻道に合流する。その先で**分岐**に出て、左の道を行くと小泉《こいずみ》からの市道の**駐車場**に出る。「白滝山へ700㍍」の標識を見ながら、舗装された道を登ると10分ほどで龍泉寺《りゅうせんじ》だ。左手の鳥居をくぐって登ると左に八畳岩とよばれる大きな岩の側面に、十数体の磨崖仏が刻まれ、その周辺にはユーモラスな表情の石仏群像がある。**白滝山山頂**には鐘つき堂があり、その先には芸予《げいよ》諸島の島々が一望できる。

下山路は龍泉寺から尾根沿いに展望台を経て**林道**に下る。途中、足もとが悪いところがあるので注意をして下りよう。林道から登り返すと駐車場への**分岐**に着く。往路を戻り、黒滝山の分岐を左に進むと竹林に入り、抜けると往路の**さくら堂**だ。ここから**忠海駅**へ戻る。

（井ノ口孝臣）

☎0846・22・7730、竹原市観光協会☎0846・22・4331
■2万5000分ノ1地形図
竹原・三原

54 筆影山・葉田竜王山

両山をつなぐ整備された登山道を行き、桜に彩られる山頂へ

ふでかげやま　314m
はたりゅうおうざん　446m

日帰り

歩行時間＝3時間10分
歩行距離＝7・0㎞

技術度
体力度

コース定数＝15

標高差＝442m

累積標高差 712m 706m

葉田竜王山より小佐木島、佐木島、後方に因島を展望する

筆影山と葉田竜王山は三原《みはら》市街地から近く、県内有数の桜の名所として知られている。両山とも山頂まで車道が通じ、気軽に山頂からの絶景を楽しむことができる。

　登山口は、和田《わだ》口《ぐち》とJR須波《すなみ》駅の2箇所だが、ここでは和田口から登り、須波駅に下るコースを紹介しよう。JR三原駅前から芸陽《げいよう》バス竹原《たけはら》方面行きのバスに乗り、**和田口バス停**で下車する。交差点を渡って少し左に行くと筆影山の標識がある。標識にしたがって車道を右に曲がると、やがてJR呉線の踏切に出る。踏切を渡り、高度を上げると、車道が大きく右に曲がり、その右側に霊園と三原無線局がある。そこが**登山口**だ。

　木立ちの中に入り、ジグザグに登ると鉄塔に着く。その先、**筆影山の分岐**から左に下ると約5分で車道の**ロータリー**に着く。トイレや自販機が設置されているのでひと息入れよう。眼下に三原市街が広がる。

　展望を楽しんだら筆影山へ向かう。車道を進んでもよいが、登山道はすぐ右手にある。標識がないので注意をしないと見すごしてしまうかもしれない。約10分で駐車場に着くと遊歩道が二分する。どちらに進んでも山頂までは200メートルの距離だ。左に入り、あずまやの手前から階段を上がると**筆影山**山頂に着く。りっぱな展望台があり、眼下に瀬戸の海が広がる。

　展望台から西側の階段を下りて遊歩道を駐車場まで戻り、左の山

■鉄道・バス
往路＝JR三原駅下車から芸陽バス竹原方面行きに乗り、和田口バス停で下車。登山口まで徒歩20分。
復路＝JR須波駅から帰途につく。

■マイカー
和田口、JR須波駅とも付近に駐車場はない。

■登山適期
四季を通じて登山を楽しめるが、桜の満開の時期がベスト。

■アドバイス
▽和田口交差点からまっすぐ進み、真観寺裏手から車道に出るルートもあるが、正規の踏切がないので、すすめられない。
▽鉄塔から筆影山分岐の間にロータリーに出る横断道があったが、現在、廃道になっている。

■問合せ先
三原市役所観光課☎0848・67・6014、三原観光協会☎0848・63・1481、芸陽バス三原営業所☎0848・62・6241

■2万5000分ノ1地形図
三原

葉田竜王山へ向かう途中から見る筆影山

筆影山から葉田竜王山の展望

CHECK POINT

交差点を渡り、まっすぐ行くと車道に出るが、左に行くと筆影山の標識があり、わかりやすい

筆影山山頂は公園化され、りっぱな展望台やトイレが設置されている

改修された広い駐車場とトイレ、葉田竜王山は右側（東方向）の舗装された車道を行く

地福寺を左に見ながら下っていき、呉線のガードを抜けて左に行くと須波駅だ

道を**ロータリー**まで下り、標識にしたがって**分岐**から左の葉田竜王山に向かう。山道に入り、2度林道を横切って進むと集落に出る。標識にしたがって左の車道を進むと**能満寺**《のうまんじ》**の入口**に着き、左手の車道を進むと、わずかの距離で**葉田竜王山**山頂だ。ここにもりっぱな展望台と無線塔がある。展望台からは生口島《いくちじま》や岩城島《いわきじま》、大三島《おおみしま》、野呂山《ろさん》が、天気がよいと四国の連山も見える。下山路は、**能満寺**《のうまんじ》**入口**まで戻り、車道と分かれて左の山道に入る。遊歩道に出るとすぐ右側の山道に入り、地福寺《じふくじ》を経て**JR須波駅**へ。

（井ノ口孝臣）

●著者紹介

廣田忠彦（ひろた・ただひこ）

1945年、広島市生まれ。広島山稜会に所属し、北海道から九州まで足をのばす。所属山岳会の山小屋「ひえばた小屋」が恐羅漢山の麓にあることから、山小屋を中心に西中国山地で活動することも多い。かつては登山の案内もしていたが、現在は登山道の整備に力を入れている。きっかけは西中国山地の山々のすばらしさを登山者に知ってもらいたいという思いからと、会員であった故・桑原良敏氏が『西中国山地』を出版されたことからの影響が大きい。前広島山稜会会長。

井ノ口孝臣（いのくち・たかおみ）

1941年、福岡県北九州市生まれ。18歳の時に山に目覚めて以来、北は利尻山から南は宮之浦岳まで、全国の山々を登り、特に劔岳、穂高岳に好んで登る。海外登山はアイランドピーク、ヤラピークほか数座に登る。著書に『リュックかついで』『ふるさとの山歩き』『ひろしま百山』（共著／中国新聞社刊）がある。広島県山岳・スポーツクライミング連盟（旧広島県山岳連盟）参与。

＊取材・執筆・制作に際しては、写真の提供を含めて、前シリーズまでの著者である瀬尾幸雄さん、野間 弘さんに多大な協力を賜りました。御礼申し上げます。

分県登山ガイド33

広島県の山

2018年4月30日 初版第1刷発行
2024年4月25日 初版第3刷発行

著　者 —— 廣田忠彦・井ノ口孝臣
発行人 —— 川崎深雪
発行所 —— 株式会社 山と溪谷社
〒101-0051
東京都千代田区神田神保町1丁目105番地
https://www.yamakei.co.jp

■乱丁・落丁、及び内容に関するお問合せ先
山と溪谷社自動応答サービス　TEL03-6744-1900
受付時間／ 11:00 ～ 16:00（土日、祝日を除く）
メールもご利用ください。
【乱丁・落丁】service@yamakei.co.jp　【内容】info@yamakei.co.jp
■書店・取次様からのご注文先
山と溪谷社受注センター　TEL048-458-3455　FAX048-421-0513
■書店・取次様からのご注文以外のお問合せ先
eigyo@yamakei.co.jp

印刷所 —— 大日本印刷株式会社
製本所 —— 株式会社明光社

ISBN978-4-635-02063-3

●編集
WALK CORPORATION
皆方久美子
吉田祐介
●ブック・カバーデザイン
I.D.G.
● DTP
WALK DTP Systems
水谷イタル　三好啓子
● MAP
株式会社 千秋社

●乱丁、落丁などの不良品は送料小社負担でお取り替えいたします。
●定価はカバーに表示してあります。

■本書に掲載した地図は、国土地理院長の承認を得て、同院発行の数値地図（国土基本情報）電子国土基本図（地図情報）、数値地図（国土基本情報）電子国土基本図（地名情報）、数値地図（国土基本情報）基盤地図情報（数値標高モデル）及び数値地図（国土基本情報20万）を使用したものです。（承認番号 平29情使、第1305号）
■各紹介コースの「コース定数」および「体力度のランク」については、鹿屋体育大学教授・山本正嘉さんの指導とアドバイスに基づいて算出したものです。
■本書に掲載した歩行距離、累積標高差の計算には、DAN杉本さん作製の「カシミール3D」を利用させていただきました。